中学校 理科主任の仕事術

55の心得

実務が必ずうまくいく

高田太樹 [著]

はじめに

「中学校理科教師」

　私がこの職業に就いて20年以上になります。私はこの仕事が好きで好きでたまりません。その一番の理由は「『理科』の楽しさ・面白さを直接伝えることができ，伝えたことによる変化・成長を直接見て感じることができる」からです。「理科の楽しさを伝えたい」という思いは，教師となってから今まで変わることのない「教師として働く一番の目的」です。

　授業を行うことによって「理科が楽しい」と言う生徒が増えたり，学ぶ姿勢に変化が見られたりしたときに，教師としての「喜び」「楽しさ」「やりがい」を感じるのは，私だけではないはずです。しかし，そう簡単に，何度も得られる感情ではないことを，私は人一倍知っているつもりです。

　教師となって最初の5年間の授業は，理科を伝えること「だけ」に，次の5年間の授業は，理科の楽しさを伝えること「だけ」に時間を費やしていました。この最初の10年間，生徒に「理科の楽しさ」が「本当に」伝わっているか，生徒が「授業後に」成長しているかを見取ることができていませんでした。なんとなく理科を伝えた気でいた身勝手な教師だったわけです。

　そんな私が，教師としての真の喜びを知り，仕事が好きでたまらなくなった理由は，この教師人生の中で起こった「いくつもの奇跡的な出会い」と「いくつもの衝撃的な言葉」に他なりません。

　最初の出会いは，初任校での先輩理科教師です。見せていただいた魅力的な授業と惜しげもなく使わせてくれたワークシートは，今でも私の授業の根幹です。

　最初の異動直後に出会った校長先生は，私を様々な研修会・研究会に連れて行ってくれ，その研究会で「出会いの連鎖」が次々と起こりました。

　研究会での出会いの連鎖によって，私には多くの研究仲間がいます。定期的に開催している勉強会では，授業改善につながる知識や技能を得るだけで

なく，「学び続ける教師」が発する言葉に元気をもらいます。

　週に１度，私の授業を参観しに来てくれる副校長先生がいました。授業後の叱咤激励に何度も救われ，励まされました。「学校づくり」の中心が「授業づくり」であることを強く意識したのも，この副校長先生の言葉からです。

　今まで職場を共にした理科の同僚の先生方には，もちろん感謝の気持ちでいっぱいです。年下で経験不足な私に理科主任を任せていただいたとき，厳しくも温かいご指導をたくさんいただきました。

　理科関連の会議（教科書・書籍・作問等）へ参加させていただいた経験は，全て刺激的でした。特に『「指導と評価の一体化」のための学習評価に関する参考資料』（令和２年文部科学省国立教育政策研究所）作成の会議への参加は，私の「教師観」を大きく変え，強固にしてくれました。本著で最も伝えたい「授業＝指導＝評価」について議論を重ねた貴重な機会でした。

　そして何よりも奇跡的な出会いは，今まで教えてきた「生徒」一人ひとりとの出会いであり，何よりも衝撃的な言葉は，素直でまっすぐな心のもち主である「生徒」が発する言葉です。「中学校理科教師」にとって，「生徒」は，単に「理科を教える相手」なだけでなく，「教師である理由」であり「教師の目的」であり「教師の喜び」そのものです。その「生徒」が発する言葉（ときに心の叫び）に耳を傾け，その言葉に対して誠心誠意応えていくことこそが，教師として最も重要な仕事だと私は思っています。

　今までの教師人生で出会えた全ての教師と生徒が私に与えてくれた「宝物のような言葉」を，私なりに「55の心得」としてまとめさせていただきました。この宝物をまとめる機会を与えてくださった明治図書の江﨑さん，本著を手にしていただいた「あなた」を含め，今までの全ての「出会い」と「言葉」にこの場を借りて感謝申し上げます。

　「ありがとうございました」

2025年1月

髙田　太樹

もくじ

はじめに　002

第1章
最も重要な仕事『授業』の準備

01　何よりも先に「理科部会」を開く　008

02　仲間の個性を知る機会をつくる　010

03　「チーム理科」で年間指導計画を練り上げる　012

04　単元計画と評価計画を同時に行う　014

05　「できる」を目指して計画を立てる　016

06　生徒になってほしい姿を丁寧に伝える　018

07　特別な教材「教科書」を読み込む　020

08　意図をもって副教材を選ぶ　022

09　デジタル教材を活用する目的を確認する　024

10　消耗品の種類と消耗ペースを把握する　026

11　伝えたいことを考えて生物教材を準備する　028

12　薬品の危険性を教師も生徒も理解する　030

13　今ある備品を大切に使う　032

コラム　難しすぎず簡単すぎないから探究にもってこい！　使える課題Ⅰ　034

第2章
授業準備以外も「チーム理科」で行う

14　全員満点をとれるように指導してから定期テストをつくる　036

15　チームで教材研究に取り組む　038

16　チームで授業研究に取り組む　040

17　知恵と工夫を集結させて理科室を整備する　042

コラム　難しすぎず簡単すぎないから探究にもってこい！　使える課題Ⅱ　044

第3章
理科の授業外でも生徒を力強く育てる

18 研究発表会—「ここまでできた」の経験をつくる　046

19 実技コンテスト・実験教室—理科を楽しみ、使う機会を設ける　048

20 地学実習①—周りの教師によさを伝える　050

21 地学実習②—実物ならではの感動を生徒に伝える　052

22 天体観測会—「見せたい」を大切に方法を探る　054

23 校外学習—「＋理科」の要素を入れる　056

24 総合的・応用的探究活動—理科の授業での学びを生かす　058

コラム　難しすぎず簡単すぎないから探究にもってこい！　使える課題Ⅲ　060

第4章
自分自身を成長させる若手指導

25 実習生指導①—まずは単元計画を作成する　062

26 実習生指導②—模擬授業で気付きを促す　064

27 実習生指導③—言葉の重みを意識させる　066

28 実習生指導④—対話を通して思いを伝えさせる　068

29 初任者指導—1年間の重みを意識して育てる　070

30 授業見学①—目的提示の仕方を意識させる　072

31 授業見学②—環境づくりの意図を考えさせる　074

32 授業見学③—評価の観点をもとに指導を見させる　076

33 指導案の作成①—授業の目標を明確化させる　078

34 指導案の作成②—単元計画・評価計画が肝と伝える　080

35 指導案の作成③—本時は単元計画の具体と伝える　082

36 「私ならこうやる」を惜しまず伝える　084

コラム　難しすぎず簡単すぎないから探究にもってこい！　使える課題Ⅳ　086

もくじ　005

第5章
「チーム学校」の繋がりで深め広げる授業

37　他教科連携で学びに化学変化を起こす　088

38　養護教諭との事前の連携で火傷を防ぐ　090

39　養護教諭との事前の連携でアレルギー反応を防ぐ　092

40　用務員の方への感謝の気持ちを忘れない　094

41　体験授業で「理科を学ぶのが好き」の気持ちを育てる　096

42　小中合同研修で小学校での学びを意識する　098

[コラム]　難しすぎず簡単すぎないから探究にもってこい！　使える課題Ⅴ　100

第6章
指導と評価をし続ける教師へ

43　自由研究―指導と評価に時間をかける　102

44　調べ学習―「理科」の指導と評価をする　104

45　ワーク―提出する目的を粘り強く伝え続ける　106

46　ノート・ワークシート―成長する姿を評価する　108

47　主体的に学習に取り組む態度①―表面的な態度で評価しない　110

48　主体的に学習に取り組む態度②―生徒に学びを振り返らせる　112

49　思考・判断・表現①―探究活動の中で力を育てる　114

50　思考・判断・表現②―気付かせる実験を用意する　116

51　思考・判断・表現③―課題設定ができる力を育む　118

52　知識・技能―指導とテストを繰り返す　120

53　なぜ「1」や「2」がついてしまったのかを考える　122

54　生徒にとって意味があると胸を張って言える授業をする　124

55　卒業前最後の授業を「理科の修了式」にする　126

第1章
最も重要な仕事『授業』の準備

　タイトルにもある「理科主任の仕事・実務」とは何でしょうか。教師の仕事が多岐にわたることは，周知の事実です。「学級活動」「委員会活動」「学校行事」「部活動」，これらの活動を通して生徒は大きく成長します。この成長する姿は，教師にとって，準備の大変さや指導の苦しさを忘れさせてくれるほどの「やりがい」を与えてくれます。「『授業』が第一優先」であることは，多くの教師がわかっています。わかっているのだけれど，後回しにしがち，それが『授業』の準備です。最も重要な仕事が何かを年度末と年度初めに再確認することが「理科主任」としての最初の仕事です。

01 何よりも先に「理科部会」を開く

開くと開かないとでは大違いな「理科部会」。
「開かなくてもどうにかなる」「授業は何とかなる」という意識を変えるための最初の一歩目が大切。

「理科部会」を開き「チーム理科」を発足させる

　私が今まで勤務してきた学校は全て，各学年3クラス〜4クラスで，常任・講師合わせて3人程度の理科教師が配置されている学校でした。その全ての勤務校の中で，「教科部会」が年間行事予定に組み込まれている学校は一つもありませんでした。年間行事予定に組み込まれていないといっても，「学年のもち方」を決めるため，簡単な打ち合わせは行います。ですが，それ以上は深入りしない学校が多いのではないかと思います。その主な理由として「それぞれの先生がやりたいようにやるべきだ」「授業の進め方に口出しすべきではない」という思いが，多くの先生方に存在するからです。無意識・無条件に「教師の個性」を尊重しているわけです。

　同じ教科であっても，先生によって授業の進め方が異なるのは当然です。「自分が受けてきた授業」「今まで出会ってきた教師」「教えられてきた指導方法」「読んできた本」「生徒からの反応」が教師によって異なり，これら全ての経験の上にできあがったのが「教師の個性」だからです。しかし，生徒のことを第一に考えるのであれば，無条件に「教師の個性」を尊重することに全く意味はありません。

　理科部会を開き，「チーム理科」を発足させることこそ，「教師の個性」を生かしつつ生徒のためにもなる方法と言えます。

チームで行う「計画と準備」

　理科部会を開かなかったとしても，理科の授業が開始できないわけではありません。ベテランになればなるほど，授業を「何とかする」ことができてしまうからです。しかしそれは，「何とかなった」わけではなく，「何とかなったような気になっている」だけです。無計画で準備不足から生まれる授業は，「生徒のための授業」ではなく「授業のための授業」にしかなりません。生徒や保護者，授業している教師までもがそのことに気付かないことが多いため，改善もされないまま時間だけが過ぎ，「実は成長していない生徒」だけが残ります。

　無計画・準備不足な授業を行わないためには，「授業の計画を立て，その計画を実行するための準備をする」ことが必要です。この計画と準備こそ，一人で行うのではなく，理科部会によって発足した「チーム理科」で力を合わせて行うことが大切です。「協力して行うこと」や「仕事の分担」といった「チーム内の決まり事」を決める必要はありません。理科部会で行うことは，「計画と準備の共有」です。これらの共有ができれば，チーム内で自ずと協力し分担する姿勢が生まれ，教師それぞれの計画と準備が整います。

　「担当している学年だけを責任をもって見る」のではなく，「全学年をチームで責任をもって見る」という姿勢であるべきです。一見，教師一人ひとりの負担が大きくなるように思えるかもしれませんが，決してそんなことはありません。具体的な理科部会の内容と，チームで計画・準備を進めることの利点について，次頁以降でお伝えします。

理科主任としての最初の仕事は「理科部会」を開催すること。
理科部会で行うことは「計画と準備の共有」である。
担当学年だけでなく，全学年全員をチームで責任をもって見るべし。

第1章　最も重要な仕事『授業』の準備　009

02 仲間の個性を知る機会をつくる

まず,「チーム理科」のメンバーをよく知ることから始める。チームをよく知ることで,「共有」→「協力・分担」→「計画・準備」の流れがスムーズになる。

「仲間」を知ることから始まるチームづくり

「チーム理科」のメンバーである同僚の理科教師は,「ライバル」ではなく「仲間」です。チーム内に同年代の教師がいる場合,勝手に「ライバル」と意識してしまうことがあります。「あの先生よりも管理職から評価されたい」「あの先生よりも楽しくわかりやすいと生徒に思われたい」などの感情です。あからさまに言葉に出ることはなくとも,「共有したがらない」「共感したがらない」などの行動に繋がり,「チーム理科」に亀裂を生じさせます。

そのような先生に「共有しましょう」と伝えても,「何のため?」となります。「先生に相談したいことがあります」と声をかけるのがオススメです。例えば次のように声をかけてみましょう。

「1年生の4月は生物の単元から入りたいと思いますが,先生だったらどのような導入を行いますか?」

「小単元ごとのバラテストを購入するか悩んでいるのですが,先生は今まで使用したことがありますか?」

「授業中に使用したワークシートを生徒にファイリングさせて保管しようと思っています。先生はどの程度の頻度でファイルを提出させていますか?」

また,理科主任として「仲間」の個性を知る機会を設けることも大切です。

> 【共有しておくべき「仲間」の個性】
> ・「板書」と「スライド」どちらが多いか
> ・「ノート」か「ワークシート」か
> ・教科書や資料集の使い方
> ・副教材の使わせ方や評価方法
> ・デジタル教材の使い方とその頻度

　このような相談ごとや個性を知る機会をきっかけに，お互いの「個性」が自然と共有されていくことになります。

　どちらがよいか悪いかを決めたり議論したりする会となってはいけません。あくまでも「共有」にとどめ，お互いの個性を知り，尊重していく姿勢こそが「仲間づくり」の第一歩です。「得意分野」や「苦手なこと」，「研修歴」などを聞くことも必要ありません。「理科への思い」「生徒への思い」は，直接聞かずとも，上記の【共有しておくべき「仲間」の個性】についての回答から自然とにじみ出てきます。

「共有」することで生まれる「協力・分担」の姿勢

　理科部会での「個性の共有」による最も大きな成果は，この先生ならば「任せたい」「手助けしたい」「相談したい」という自然な声かけができるチームができることです。そして，そのような声かけが日常化したチーム内では，個々の教師に「やってみよう」「見直してみよう」「変えてみよう」という改善の姿勢が生まれます。「思いやり」と「前を向く姿勢」であふれている「チーム理科」ができあがれば，その思いや姿勢は必ず生徒に伝わります。

> 「チーム理科」は，ライバルではなく，個性を認め尊重し合う仲間。
> 理科部会では「仲間の個性の共有」を行うべし。

第1章　最も重要な仕事『授業』の準備　011

03 「チーム理科」で年間指導計画を練り上げる

授業づくりの最初の一歩は,「年間指導計画の作成」から始まる。「1年間でどのような生徒にしたいか」をじっくり悩む時間は,教師にとってワクワクする楽しい時間である。

年間指導計画を作成する意味

　年間指導計画とは,年間を通してどのような目的のために,どのような授業を行い,どのような力をつけるのかを示したものです。つまり,理科の授業を行うために「真っ先に」「じっくり」行うべきなのが「年間指導計画」です。しかし,多くの教師が思い通りにできていません。その主な理由は,前年度のうちに計画の作成を求められる（ことが多い）ため,実際の授業者とは異なる教師が作成しているからです。このような場合,「教科書の指導書通り」で「現実味がない」形式的・一般的な計画となりがちです。教師にとって最も重要な「生徒への思い」が指導計画に入っていなければ,それをつくる意味・必要性はありません。

「チーム理科」で作成する

　理科主任が全学年分を作成する必要はありません。理科主任は調整役を担い,作成は「チーム理科」全員で行うべきです。次の流れで作成します。

① 教科書の指導書をもとに各学年の素案を作成する。
② ①の素案をもとに「チーム理科」で調整する。
③ ②を前年度1年間かけてつくりあげていく。

①は，チームで分担しても構わないと思いますが，理科主任が「形式的に」「時間をかけずに」作成することをオススメします。多くの経験豊かな現場教師と専門的な大学教授らが長い期間議論を重ねることで「教科書」ができあがっています。「指導書」に載っている年間指導計画も同様です。多くの教師の目で何度も検討された結果の年間指導計画は，「信頼性」が高い一方で，「一般的」です。したがって，②が必要です。②で行う調整・検討のポイントを以下に挙げます。

・領域の学年ごとの指導順が重なることで学校事情（理科室の数・器具や薬品の量等）によって授業計画に支障が出ないかを確認する。
・一つの学年を複数の教師で担当している場合の単元を分担する。
・「『探究的な学習』や『教科横断的な学習』を単元の最後に行うために必要授業時間数を１時間増やしたい」などの教師の「生徒への思い」を入れる。

前年度１年間かけて作成する年間指導計画

　年間指導計画は年度末に個々の教師が形式的につくるものではありません。「チーム理科」で前年度１年間を使って，「じっくり」「思いを詰め込みながら」つくるべきものです。ある程度経験を積み，書籍や研究会で得た指導法に関する知識を「目の前の生徒に試してみたい」と思うことは自然なことです。次年度の生徒の笑顔を想像しながら行う授業計画ほど，教師にとって楽しい時間はありません。

「形式的・簡易的」につくった年間指導計画を「チーム理科」で１年間かけてじっくり練り上げていくことで，計画に「思い」を込めるべし。

第１章　最も重要な仕事『授業』の準備　013

04 単元計画と評価計画を同時に行う

CHECK!
年間指導計画の作成の次は，単元計画を行う。
「評価する」ことは「指導する」ことそのものであるため，単元計画と評価計画は同時に行われるべき。

「形成的評価」と「総括的評価」を分ける

　授業では，学習指導と並行して「生徒の学習状況の把握・教師の指導改善に生かす評価」（以下「形成的評価」）が行われ，これらが何度も繰り返されていくことで，生徒の様々な学力が育成されていきます。「観点別学習状況の評価」（以下「総括的評価」）は，このような学習過程を踏まえた後に行うべきものです。つまり，評価計画を立てる上で「形成的評価」と「総括的評価」を明確に分け，「総括的評価」をする前には，生徒と教師との間の「形成的評価」のやりとりが必要であると言えます。

　「形成的評価」なしに，「総括的評価」をするということは，授業中に学習していない内容の抜き打ちテストをして，その一発勝負の結果を記録に残すことと同じです。このような「指導なき評価」とならないように，「総括的評価」を単元のはじめの段階で行わないように注意が必要です。

　私が実際に行ってきた（行ってきてしまった）「指導なき評価」の例を以下に挙げます。

【例1】1年生　物理分野　「光」単元の最初の授業
「光源として思いつくものをたくさんあげよう」と発問し，その回答数を数値化したものを総括的評価の材料とした。

【例2】1年生　夏休み前最後の授業
夏休みの宿題を「自由研究」にした。夏休み明け，「提出日を守れたか」「研究内容が科学的か」を数値化したものを総括的評価の材料とした。

【例3】2年生　化学分野　「化学変化」単元の最初の授業
周期表を生徒に配付し，「この中から元素記号を20個覚えてきてください」と宿題を出した。後日の授業中に小テストを行い，その点数を総括的評価の材料とした。

　どの例も，「形成的評価」なしに「総括的評価」している点が問題です。つまり，教師の指導が入っていないわけです。【例1】であれば，単元の最初の授業のみで総括的評価をするのではなく，単元の最初と最後に同じ発問をして，その変容を評価することが考えられます。【例2】であれば，1年生の1学期に行った授業の中で，「課題の見いだし方」「実験の立案の仕方」「実験結果の考察の仕方」などについて指導（形成的評価）がされていることが必要です。他のレポート・ポスター・新聞作成にも言えますが，一度持ち帰らせる「宿題」は，教師の指導の目から離れるため，総括的評価の材料とすることは難しいと言えます（心得43 pp.102-103参照）。【例3】についても同様です。理科教師であれば「暗記が得意な子」「一夜漬けして努力した子」を高く評価したいわけではないはずです。教師が「元素記号を覚える理由」「元素記号の覚え方」を事前に指導することを前提として，「元素記号を覚えたら，その後の学習に使えた」と思わせたいわけです。覚えた知識が使えたとき，生徒は「楽しい」と感じます（心得52 pp.120-121参照）。

評価（総括的評価）する前に，指導（形成的評価）する計画とすべし。

05 「できる」を目指して計画を立てる

CHECK!
年間指導計画と同様，単元計画にも「生徒への思い」を入れる。より教師の個性が出やすい「評価」についての「思い」は，チームでの共通理解が必須。

単元計画に評価計画を入れる

「このテスト（レポート）は評価に入れます（入れません）」といった発言を教師が生徒にするべきではありません。教師であれば，生徒の全教育活動を評価する必要があるからです。だからこそ，前項で述べたように「形成的評価」と「総括的評価」を教師が区別して発言することが大切です。

「このテスト（レポート）は総括的評価に入れませんが，形成的評価に使います」という発言であれば，「してもよい」というよりは「すべき」だと私は思います。

下の表は，単元「光と音」の最初の7時間分の単元・評価計画の例です。

時間	指導のねらい・学習活動	重点	記録
1	「光の進み方」と「ものの見え方」を理解する。	知	
2	光の進み方に関しての新たな問題を見いだし課題を設定する。	思	
3	入射角と反射角には規則性があることを見いだして理解する。	思	
4	鏡に映った像の位置を作図する。	知	○
5	屈折の規則性を見いだして理解する。	思	
6	光の反射・屈折とものの見え方を関連づけようとする。	態	
7	凸レンズ中の光の進み方に関しての問題を見いだし課題を設定する。	思	○

【思考・判断・表現】の評価に注目すると，2時間目と7時間目は，どちらも「課題を設定する」場面となっていることがわかります。2時間目は「形成的評価」，7時間目で「総括的評価」を行っています。この単元を例に

すれば，2時間目で集めたレポートに関しては，「このレポートは形成的評価のみで，総括的評価は行いません」と伝え，7時間目で集めたレポートに関しては，「このレポートは総括的評価を行います」と教師が生徒に事前に伝えておくということです。「形成的」「総括的」という用語を生徒に伝えることに抵抗がある場合は，「形成的評価」を「記録に残さない評価」，「総括的評価」を「記録に残す評価」などと言い換えてもよいかと思います。2時間目に行う「形成的評価」はただ単に記録に残さないだけではありません。2時間目に行う課題について「何度も繰り返し評価する」「何度でもできるようになるまでやる」と生徒に伝えるということでもあります。

「C」評価を出さないための支援計画を立てる

ここで重要になってくるのが，先程の例で説明すると，2時間目で「C」評価と判断した生徒への支援です。教師としては，生徒と評価物を何度もやりとりし，全員が「B」評価以上になった時点で7時間目の課題に取り組ませたいわけです。評価計画は，生徒全員が「B」評価以上となるための教師の指導・支援計画とも言えます。

指導・支援の仕方は，「生徒に評価の観点を伝える」ことから始まります。「生徒に評価の観点を伝える」ことは「どのような生徒になってほしいかを伝える」ことと同じです。具体的な指導・支援方法については，第6章をご覧ください。生徒の学力の育成には，「『C』評価の生徒を出さない」いう教師の強い思いと生徒に対する粘り強い働きかけが欠かせません 心得53 pp.122-123参照）。日頃から「C」評価の生徒の名前，指導・支援方法，成長具合が話題となる「チーム理科」でありたいですね。

「C」評価を一人も出さない単元計画を立て，生徒に寄り添い支援する授業をすることが教師の仕事と心得るべし。

06 生徒になってほしい姿を
丁寧に伝える

「生徒にどのような力をつけたいか」「生徒にどのような姿になってほしいか」は，教師が勝手に思っているだけでは意味がない。「思い」と同じくらい「伝え方」も大切。

評価規準とは何か

私が単元計画・評価計画を作成する際，常に厳しく自己評価している項目が三つあります。

① 指導なき評価を行っていないか。
②「C」評価の生徒の支援を怠っていないか。
③ 評価規準を生徒に伝えているか。

①については，心得04で，②については，心得05で述べました。
評価規準は，「成績をつけるため」「受験資料で記載する必要があるため」のものではありません。私を含む「チーム理科」で以前作成した評価規準の例を一つ示します。単元の最後に計画・準備した「ここぞ」というときの探究的な課題です。

単 元 名 「密度」
観　　点 「思考・判断・表現」
課　　題 「『消しゴム』が，何からできているのか推定せよ。」
評価規準 「実験結果をもとに，素材の推定ができている。」

評価規準とは，「教師が生徒になってほしい姿」そのものです。つまり，授業の目的でもあるため，授業の核となる部分でもあります。「評価しなければならないからする」のではなく，「力がついたことを生徒に実感させたいから評価する」という思いで評価規準をつくることが大切です。

評価規準を生徒に伝える

　「教師が生徒になってほしい姿」を設定するからには，「生徒全員」がその姿に達するための指導が不可欠です。先程の例で言えば，本授業を行う前までの授業で指導しなければならないことは，以下の二つです。

　・密度を求め，その値から物質の素材を推定できること。
　・課題に対して自分の考えを主張するためには，その根拠を示す必要があること。

　これらの形成的評価を繰り返し，「生徒全員」が評価規準にたどりつけると判断した後に，先程の例の「課題」と「評価規準」を生徒に伝えます。「評価規準」の伝え方の例を以下に示します。

　・課題へ取り組む前に文章で評価規準（ルーブリック）を記載する。
　・「A」評価の例を全員に共有する。
　・課題への取り組み中に，机間指導（言葉によるアドバイス）をする。
　・生徒全員へコメントを記入して返す。

　コメント返しは，単元に一度「ここぞ」というときの課題・レポートのときだけでよいです。それでも教師からの言葉の威力・効果は計り知れません。時間と労力をかけた分だけ，生徒は「成長」という姿で返してくれます。

評価規準は「生徒になってほしい姿」。生徒に伝わるまで，何度も粘り強く伝えるべし。

07 特別な教材「教科書」を読み込む

> 教科書は特別な教材。
> その教科書の「特別さ」を知り、教科書が「伝えたいこと」を知ることで、教師も生徒も教科書の使い方を知ることができる。

教科書を読み込む

　「生徒は授業を受けるために教科書を持ってくる」「教師は教科書を用いて授業をする」ことは、生徒にとっても教師にとっても当たり前であり、学校の常識です。そんな教科書だからこそ、あえて先生方に問いたいと思います。
　「教科書とはいったい何ですか？」
　「教科書は、生徒に力をつけるための特別な教材です」私であれば、そう答えます。教科書は、全小中学生に平等に配付されます。逆を言えば、教科書以外の教材は地域・学校・担当教師・家庭環境によって異なるとも言えます。つまり、少し極端な言い方をすれば、教科書以外は「なくてもよい」とされているわけです。このことだけでも、教科書がいかに特別な教材なのかがわかります。理科教師としての教科書への向き合い方は、「読み込む」ことです。単元計画を立てる前に、1ページ1ページ時間をかけて読み込みましょう。読み込む中で、以下のことを確認してみてください。

・単元を通して、生徒に考えさせたい「課題」は何か。
・太字になっている「覚えるべき用語」はなぜ覚える必要があるのか。
・なぜその実験器具を使えるようになる必要があるのだろうか。
・その「実験を行う意味」は何であろうか。

教科書には，一言一句，挿絵一枚に至るまで，「無意味」「不必要」なものは一つもありません。書かれている・掲載されている理由が必ずあります。教科書を読み込むことによって，これらの理由がわかるようになっています。読み込まなければわかりません。教師がこれらの理由をわかっていなければ，生徒に伝えることもできません。

生徒が主体的に使える教科書へ

　言うまでもなく「教科書」は生徒のための教材です。教師が授業で用いる教材の面があるだけでなく，生徒が授業外で主体的に用いる教材の面があることも忘れてはいけません。授業は「教科書」，授業外は「副教材」という固定概念になってはいけません。家庭学習等の授業外で生徒が教科書を開きたくなるためには「教師の教科書指導」が必要です。教科書には，以下のような単元構成の外にある内容が掲載されています。

・家庭でも再実験可能なミニ実験の紹介
・科学史や単位の換算方法などの豆知識
・自分でも調べたくなる最新技術を紹介するコラム
・教科書内の用語やその理解度を確認できる基本問題
・総合的・応用的な思考力の育成がねらいの応用問題

　まずは，これらの内容を授業中に活用することから始めます。「教科書って使える」「教科書って面白い」と思わせ，生徒の主体性に火をつけます。教科書をじっくり読み込んで，教科書の使い方を理解し，単元を計画した後に行うのが「副教材」の選択です。この順序を間違えてはいけません。

生徒に教科書を主体的に開かせるためには，授業中の指導が必要。教科書を読み込んで，教師は教科書について知ってから使うべし。

第1章　最も重要な仕事『授業』の準備　021

08 意図をもって副教材を選ぶ

教科書と違い，副教材は「なくてもよい」もの。
購入したからには，その理由を生徒や保護者に説明できなくてはいけない。

「教科書」だけでは足りない理由とは何か

　前項で説明した通り，「不可欠な副教材」というものは存在しません。副教材の選定は，教科書による単元（授業）計画を検討していることが大前提です。「教科書の代わり」ではなく，「教科書の補助」ということを忘れてはいけません。したがって，副教材の購入にあたって，確認しておくべきことは，「どのような力をつけたいのか」と「どのように使う（使わせる）のか」の二つです。この二つの事項を，徹底的に検討した後に購入するようにしましょう。「とりあえず…」「いつも通りで…」と，教科書の読み込みもせず，単元計画の検討もせずに購入することは避けなくてはいけません。

「なぜ」「何のために」必要なのか

　副教材を使用する理由が，教師によって多種多様であることは当然です。必ず成果が出る（力がつく）かどうかの確信をもてている教師はいないでしょう。しかし，生徒へ副教材を配付する際に「この教材がどうして必要なのか」について力強く生徒へ伝えられる教師であってほしいと思います。
　私が考える理由は「知識を定着させるため」「理科への関心を高めるため」「学習習慣をつけるため」の三つです。「総括的な評価材料を増やすため」は目的とはなりません。「評価」は目的ではなく，手段だからです。

どこでどのように使わせるのか

主な副教材の種類を以下に挙げます。

①	ワーク	…単元毎の「まとめ」「基礎問題」「応用問題」で構成されている。書き込み型のものが多い。
②	ノート	…単元毎の「まとめ」と罫線のみのページで構成され，教師用の板書例が付属されている。
③	バラテスト	…単元毎の表裏一枚のテスト用紙。模範解答や解説，コラム等が別紙で配付できるようになっている。
④	資料集	…全学年，全単元の学習内容に関する写真やデータが掲載されている。特に生物・地学系の写真が豊富。

　①②は，学習内容が理解できているかを生徒自身が確認するために使用します。そのため，家庭学習で使用することが多くなります。つまり，配付するときに「どのように問題を解き，どのように答え合わせをすればよいのか」を生徒に説明し，取り組み方を形成的評価をする必要があります。

　③は，「評価教材」と呼ばれ，観点別に評価をつけやすい教材ですが，総括的評価を行う際には少し注意が必要です（心得52 pp.120-121参照）。

　④について，学校でも家庭でも，誰もが簡単に情報を入手できるこの時代に，「資料集不要論」が広がってきています。果たして本当に不要でしょうか。情報活用能力が求められる今だからこそ，資料集を含めた「図書」の情報に触れる機会を，中学生に設けることに価値があると私は感じています。

　持っているだけで力がつく副教材はありません。副教材の特性を知り，使い方を教師が理解した後に購入し，生徒が理解した後に配付しましょう。

副教材は，使用する「理由」と「手段」を明確にして購入すべし。

09 デジタル教材を活用する目的を確認する

「教科書」「副教材」ともに「デジタル化」が急速に進んでいる。学校教育の大きな転換期の主役でもある「デジタル化」とどう向き合うべきか。

「デジタル化」の進む先にある「生徒の姿」

　2020年，1人1台端末の導入を機に，この5年間「学校教育のデジタル化」の波は大きくなる一方です。生徒が授業中に端末を使用している様子は，すでに自然な学校の風景となっています。端末導入初期は「とりあえず使ってみる」もしくは，「今更使えない（使わない）」かのどちらかを教師が選択していました。そこから少しずつ，研究・研修が進み，関連書籍も増えていき，意欲的に授業に端末を取り入れる教師が大半を占めるようにまでなっています。そんな今だからこそ，原点に戻って先生方に問いたいと思います。

　「その授業を通して，生徒はどのような力がついたのですか？」

　「チーム理科」で確認しなければならないことは，「端末を使うか使わないか」ではなく，「生徒の力をつけるためには，端末をどのように活用することが有効か」であるはずです。高速に進化していくデジタル教材が目の前にあると，その「手段」に目が奪われ，「目的」を忘れがちになります。

　「生徒のために」と思って取り組み始めたことであるにもかかわらず，「生徒のため」を忘れることに繋がっては，本末転倒です。転倒を恐れて歩くのをやめるのではなく，「少し進んだら立ち止まり，生徒の姿を確認して，また歩き始める」という歩み方こそが，デジタル教材との向き合い方なのだと思います。

「できること」「できないこと」を知る

　多くの学校で環境が整備されつつあるといっても，自治体・学校によって，できることにまだまだ大きな違いがあります。理科主任としては，自分たちの学校で「できること」「できないこと」を把握しておくことが大切です。

- デジタル教科書が利用可能か。また，それは生徒用か教師用のみか。
- 動画サイトの閲覧にどこまで制限があるか。
- 授業支援アプリを用いた「スライド（ノート）作成および提出」の仕方について生徒・教師はいつどのタイミングで知るのか。
- デジタルドリルなどのアプリのインストール権限・購入方法について。

　これらの情報は，全教職員に向けて年度当初に示されるべきことです。これらの中で不明または不確定なことがあれば，他の教科主任の先生やICT担当の先生方と相談し，4月の教科部会までには把握しておきましょう。

昔から相性がよい「理科とICT」

　GIGAスクール構想のはるか前から，理科はICT研究の先頭に立っていました。今まで私が所属してきた「チーム理科」の中でも，ほとんどの先生が授業用動画を大量に撮り貯めていました。私自身も「生徒実験が難しい大がかりな実験」「山や海で見られた不思議な自然現象」「昔のニュースやドラマの録画」など，授業の導入で流す数分間の動画をいくつか所有しています。

　生徒の喜ぶ顔，驚き不思議がる顔を見たい一心で，動画を撮ったり編集したりするわけです。その思い（目的）は，手段が増えた今も変わりません。

「デジタル教材を活用する壁」を乗り越えるためには，生徒の「成長する姿」「喜ぶ顔」を目指し続けるべし。

10 消耗品の種類と消耗ペースを把握する

「あれもない。これも買えない」と思う前に，その消耗品が本当に必要で，本当に購入する必要があるのかどうかを把握することが大切である。

最低限の消耗品の消耗具合を知る

　消耗品は思いのほか消耗しません。中学校理科で行う実験・観察で使用する教材の多くが「再利用」を基本としているためです。したがって，「教科書通り」の実験をそこに示された実験器具のみで行っていけば，「消耗品が消耗しすぎて困る」ということにはなりません。もちろん，自治体・学校によって「理科に使えるお金」に大きな差があります。教科書の実験内容は，全国の学校からアンケートをとり，使用する実験器具を精査して掲載しています。「教科書に載っている実験だけでも必ずやらせたい」という思いは，国・自治体・学校・教科書会社・教材会社が力を合わせて守ろうとしてくれています。理科教師でなくても，生徒実験の重要さをその誰もが理解しているからです。

　次ページの表は，ある教科書会社が発行した教科書（令和7年度版）3冊（3学年分）に記載されている実験・観察で消耗する消耗品（生物教材と薬品は除く）とそのおよその量（1学年4クラスを想定）を書き出したものです。暗記できるほどに種類が少ないことがわかります。この種類と量を基準として，原材料と消耗品予算額を踏まえた購入計画を立てていきます。思いのほか「できること」「買えるもの」があることに気付くはずです。

消耗品名	主に使用する実験・観察	使用量
マッチ	「蒸留」「だ液のはたらき」	400 本
ろ紙	「再結晶」「塩化銅の電気分解」	230 枚
薬包紙	「白い粉末の区別」「酸化銅の還元」	680 枚
線香	「身の回りの気体の性質」「雲のでき方」	160 本
アルミニウムはく	「金属の燃焼」「光合成で使われる物質」	6 m
脱脂綿	「蒸留」「鉄と硫黄の混合物の加熱」	少量
ガーゼ	「細胞分裂」	1 m^2
乾電池	「電流の大きさ」「電圧の大きさ」	20 個
綿棒	「生物の顕微鏡観察」	140 本
ストロー	「光合成で使われる物質」	120 本
セロハンテープ	「花のつくり」「露点の測定」	数 cm^2
ティッシュペーパー	「電気の力」	数枚
チャック付き袋	「毛細血管の観察」	10 袋
記録タイマー用テープ	「斜面を下る物体の運動」	4 巻

　マッチは，加熱器具にガスバーナーを使用する実験で，1班1本使用した場合を想定した本数になっています。薬包紙は，薬品1種類に対して1回ずつ全班が使用した場合を想定した枚数です。

　購入する場合の目安ですが，マッチは小箱におよそ40本入っていますので，毎年10箱分消耗することになります。薬包紙は1セット500枚入り，ろ紙は1箱100枚，線香は1箱約600本です。おおよその使用量と残量を把握しておき，計画的に無駄が出ない購入を進めてください。

　「使用予定の消耗品の量と，現段階で所属校にある消耗品の量を比較し，足らなければ購入する」

　残量の確認と購入検討は「チーム理科」で行い，実際の購入を理科主任が行うことで，注文の重複や注文し忘れを防ぐことができます。

教師の「この実験もやらせてみたい」を実現するためには，必要最低限の消耗品の種類と量を覚えておくべし。

11 伝えたいことを考えて生物教材を準備する

> 目の前の「今しか見せることができない教材」でしか伝えられないことがある。
> 「生き物」がもつエネルギーを生徒の「学ぶ感動」につなげたい。

生物教材を用いるメリット

　下の表は，ある教科書会社が発行した教科書（令和7年度版）3冊（3学年分）に記載されている実験・観察で使用する生物教材とそのおよその量（1学年4クラスを想定）を書き出したものです。前項で示した消耗品リストとの大きな違いは，基本「買い溜め」ができない点です。

学年	実験・観察	生物名	使用量
1年	校庭周辺の生物の観察	校庭周辺の生物	
	花のつくり	アブラナ・ツツジの花	140ずつ
	果実のつくり	アブラナの花と果実	140ずつ
	植物の葉や根のつくり	ホウセンカの葉・根	10本
		ハツカダイコンの種子	1袋
	無脊椎動物の観察	ザリガニ・バッタ	10匹
		アサリ	40匹
2年	生物の顕微鏡観察	タマネギ	2個
		オオカナダモ	4茎
	単細胞生物の観察	池の水	
	多細胞生物の観察	ムラサキツユクサ	10本
	光合成が行われる場所	オオカナダモ	8茎
	光合成で使われる物質	オオカナダモ	20茎
	蒸散と吸水の関係	アジサイの葉	40枚
	葉の表皮と断面	ツユクサの葉	140枚
	毛細血管の観察	メダカ	10匹
3年	細胞分裂	タマネギの種子	1袋
	受粉した花粉の変化	ホウセンカの花粉	10本
	微生物のはたらき	落ち葉の下の土	

これらは「生きている教材」です。生きているから買い溜めできない，買い溜めできないから「生き物の旬の姿を見せられる」わけです。生き物の旬の姿が生徒に与える影響は計り知れません。「この授業のこの時間を逃したら，枯れてしまうかもしれない。観察できないかもしれない」そんな「生き物の今（旬）」を生徒は敏感に感じ取ります。だからこそ，「葉緑体」や「花粉管」のわずかな動きに驚きと感動が生じます。生物教材を用いた生物の授業の最大のメリットは，そこにあります。

用意できる生き物で，できることをやる

　「生き物がもたらす感動」を生徒に知ってもらいたい一心で教師は生物教材を準備するわけですが，決して容易い準備ではありません。準備が難しいからといって，足を止めたり諦めたりするのではなく，「その学校でそのチームが最大限できること」をすればよいのです。

　「表に示した通りの種類と量を必ず用意しなければならない」と思う必要はありません。教科書に掲載されている生物教材は，「観察のしやすさ」「安全性」「入手のしやすさ（季節や地域）」などの様々なことが考慮された「最適な例」が示されています。あくまでも「例」であるため，全く同じ種類・量である必要はありません。

　大切なことは，「その教材を用いる意味」を知ることです。教科書を読み込むことで，「その教材を用いた授業で伝えたいこと」が見えてきます。「伝えたいこと」さえ同じであれば，生物の種類や量は，「チーム理科」が用意できる範囲で決めればよいのです。

準備できる範囲で最大限準備された生物教材は，生物が見せる感動を最大限に伝えてくれると心得るべし。

12 薬品の危険性を教師も生徒も理解する

> 理科教師は，薬品の「楽しさ」と「危険さ」のどちらも知っておく必要がある。
> 生徒のためには，どちらも正しく教えることが大切。

生徒にとっても教師にとっても「知る必要がある薬品」

　薬品類も，他の消耗品同様，年間で最低限使用する種類と量は決まっているため，計画的な購入が可能です。下の表にある薬品名は，ある教科書会社が発行した教科書（令和7年度版）3冊（3学年分）に記載されている実験・観察で使用する薬品であり，（　）内はそのおよその量（1学年4クラスを想定）です。

様々な実験で大量に使用するため，毎年購入・確認が必須な薬品
食塩(850g)　砂糖(210g)　99.5%エタノール(160mL)　35%塩酸(600mL)　石灰水(640mL)　水酸化ナトリウム(230g)　塩化銅(100g)　硫酸銅(320g)　硝酸カリウム(125g)　炭酸水素ナトリウム(120g)　鉄粉(300g)　マグネシウムリボン(500cm)　活性炭(130g)　精製水(1000mL)
使用機会は少ないが特定の実験に必須であるため，毎年の残量確認が必要な薬品
片栗粉(200g)　硫酸亜鉛(50g)　硫酸マグネシウム(20g)　銅紛(24g)　スチールウール(200g)　30%過酸化水素水(80mL)　二酸化マンガン(40g)　石灰石(80g)　酸化銅(80g)　硫黄(32g)　塩化アンモニウム(40g)　水酸化バリウム(120g)　炭酸ナトリウム(80g)　塩化カルシウム(80g)　塩化コバルト紙(40枚)　リトマス紙(80枚ずつ)　銅板(大)(40枚)　銅板(小)(120枚)　亜鉛板(大)(40枚)　亜鉛板(小)(120枚)　可溶性デンプン(5g)
一回の使用量が少なく，小瓶等で保管・使用し，数年に一度の購入で済む薬品
フェノールフタレイン液　BTB液　ヨウ素液　酢酸オルセイン液　ワセリン　ベネジクト液　沸騰石　赤インク

薬品購入・薬品管理の注意点

　中学校理科で最も多くの量を使用する薬品の一つである「石灰水」は「水酸化カルシウム」の水溶液です。水酸化カルシウムは非常に水に溶けにくく，1年分（約640mL）の石灰水に1gしか溶けていません。したがって，石灰水ではなく水酸化カルシウムを500g購入すれば，半永久的に石灰水を使用できます。

　4月の理科部会で確認しておきたいことの一つとして「劇物の把握と管理」があります。左の表で示した薬品の中で，劇物は「35%塩酸」「水酸化ナトリウム」「水酸化バリウム」「30%過酸化水素水」「塩化銅」「硫酸銅」「硫酸亜鉛」の7つです。この7つだけは，SDS（安全データシート）を読み込み，使用上の注意点を頭に入れておくようにします。薄めた水溶液を生徒が使用する前に「劇物の危険性」を生徒にしっかりと伝えましょう。「肌に触れてしまった場合の対処方法」「安全眼鏡の必要性」を理解させるためには，「チーム理科」が一丸となって何度も伝える以外方法はありません。「伝わらないのであれば，使わせない」「使わせたいから，必ず理解させる」という強い思いは決して曲げてはいけません。

　教科書に掲載されている薬品以外が薬品庫にあった場合，廃棄することを前提として「その薬品の必要性」の検討を「チーム理科」で行いましょう。私の経験上，「使うかも」と思って廃棄しなかった薬品の中で，その後使用した薬品は一つもありません。

「この薬品を生徒に使わせたい」という思いと「この薬品は生徒にとって必要ない」という思いはどちらも強くもち続けるべし。

第1章　最も重要な仕事『授業』の準備　031

13　今ある備品を大切に使う

学校によって備品の量や質に差があり不平等である。
それにもかかわらず，全ての生徒にとって「学び」の量や質は平等でなくてはいけないため，「チーム理科」の力の見せ所となる。

「ガラス器具」を大切に使う

　まずは備品の中でも，最も使用頻度が高いガラス器具の確認をしておきましょう。ビーカーであれば，100mLが40個，300mLが10個。試験管であれば，15mLが40本。これらが，教科書に記載されている実験が可能な量です。最低限この数量だけは，破損や汚れがなく，すぐにいつでも使用できる状態をチームで維持しておく必要があります。

　ビーカーと試験管以外のガラス器具の中では，「ガラス管付きゴム栓」（気体捕集で使用）と「ガラス管付き枝付きフラスコ」（蒸留で使用）が10個ずつあることを年度はじめに確認しておくと安心です。

　また，「ロウの状態変化専用ビーカー」「硫化鉄専用試験管」を別に用意しておくと，準備・片付けの手間が省けます。

　どんなに気を付けていても割れてしまいがちな「こまごめピペット」や「カバーガラス」「温度計」は，こまめな確認と多めの予備が必要です。ガラス器具は，割れる可能性が高いことを前提で生徒に使用させる教材ですが，教師の声かけ一つでガラスが割れることを防ぐことが可能です。事前の指導，事後の原因追究と生徒への声かけが重要となります。これらがしっかりできていれば，生徒の怪我を防ぐだけでなく，「怒られたくないから誰にも言わず割れたままにしておく」生徒はいなくなります。

高価な備品の代用品

「教科書と同じ器具・機器がなければ，同じような実験ができない」という考えは間違っています。そもそも教科書と同じ実験をすることが目的ではないからです。教科書に載っている実験方法も器具も，その実験の目的を達するための手段の例にすぎません。

下の表は，ある教科書会社が発行した教科書（令和7年度版）3冊（3学年分）に記載されている実験・観察で使用する主な備品（特に価格が高価なものを抜粋）を書き出したものです。それぞれの備品の代替品について，備品名の右に書いておきます。あくまでも私の経験則からの一例です。

備品名	代替品を用いた実験
光源装置	複数（カラー）スリットである必要はない。スリットが一つのものであれば，安価で購入可能。
光学台	タブレットPCを光源，白い紙をスクリーン，これらと凸レンズとの距離をものさしで測ることで，距離と像の関係を見いだす実験が可能。
モノコード	音楽室にギター等の弦楽器（弦がそろっていなくても可）があり，借りることができれば，振動数と音の高さとの関係を調べる実験が可能。
ガスバーナー	教科書掲載の実験であれば，ガスコンロで全て代用可能。両方合わせた数が班の数分あるとよい。
双眼実体顕微鏡	ルーペで十分代用可能。双眼実体顕微鏡とルーペを合わせた数が生徒数分あるとよい。
電流計・電圧計	故障等で班の数分が揃わなくなった場合，一端子が三つあるアナログパネル（高価）を再購入する必要性は低い。アナログ・デジタル共に安価なもので十分実験が可能。
電源装置	乾電池や手回し発電機で代替可能な実験は多いが，電圧を一定間隔で変化させたい場合の実験では，代替品がない。

買ったり借りたりする計画は，あくまでも第二の手段。まずは今あるものを大切に使うべし。

第1章　最も重要な仕事『授業』の準備　033

コラム

難しすぎず簡単すぎないから探究にもってこい！
使える課題Ⅰ

授業では，消しゴムの素材は「PVC」と習いました。インターネットで調べた「動物消しゴム」の素材名は「ゴム」と記してありました。どちらが正しいのかを調べなさい。

全5回の「コラム」では，生徒にとっても教師にとっても「使える！」と思える課題を五つ紹介します。生徒にとっては，単元で学習し身に付けてきた資質・能力を「使う」ことで解決していくことができる総合的・応用的な課題であることが条件です。教師にとっても，様々な探究の過程において，様々な観点の評価に「使える」課題とも言えます。

最初に紹介するのは，「密度」の知識を使う課題です。未知の物質を推定する課題ですが，「生徒一人ひとりに異なる『動物消しゴム』を配付する」だけで「使える課題」となります。

「この課題を解決することができるのは，自分だけ」と思わせることで，生徒の主体性は格段に上がります。

生徒のレポート例▶

034

第2章
授業準備以外も「チーム理科」で行う

　第1章で，授業準備を一人で行うのではなく，「チーム理科」で行うことが，教師にとっても生徒にとってもどれだけ重要かをお伝えしました。理科の授業を行うことが，理科教師として最も重要な仕事であることは，お伝えした通りですが，理科教師の仕事はもちろん授業以外にもたくさんあります。授業以外でも，生徒の育つ場面があることは多くの教師が知っています。だからこそ，ときに自分を犠牲にしてまでも授業以外の力も抜きません。力を抜けないのであれば，力を合わせればよいのです。
　第2章も第1章に引き続き「チーム理科」による協力の仕方についてのお話です。

14 全員満点をとれるように指導してから定期テストをつくる

時代や生徒は変わっているにもかかわらず，定期テストはその「特別さ」と共に変わらず，今も学校のど真ん中に鎮座している。今こそ教師が変わるべき。

特別なテスト「定期テスト」

・定期テストの結果は総括的評価に使われる。
・定期テストの結果が占める評価観点の割合が高い。
・定期テスト１週間前になると部活動が停止となる。
・定期テスト前に家庭学習計画表を生徒が提出する。
・定期テスト後に教科毎の素点や平均点，素点分布表などが配付され，生徒や保護者が「反省点」を記入する。

　この通り，定期テストは，教師・生徒・家庭が一丸となって取り組む「一大イベント」です。定期テストは，同時刻に同学年が同教科を一斉に受け，テスト作成者以外で監督者が構成されるなど，点数への高い信頼性と平等性が確保されます。そういった点で言えば，年に数回しか実施できない特別なテストであると言えます。しかし，「なぜ特別なのか」を理解しようとせずに目の前のイベントに盛り上がっている教師・生徒・保護者が多いように思います。この異常とも思える「特別さ」が昔から多くの学校で疑問視されることなく実施されています。それを見る度に，社会全体が「定期テストは，普段の継続的・形成的な学習よりも，直前の努力・集中力・暗記力の高さが評価される」ことを，暗に生徒へ伝えてしまっているように思えてなりません。「定期テストを行う意味」について少し考えてみたいと思います。

「定期テスト」をする意味

　私が考える「定期テスト」をする意味は，「日々の授業で学習した内容が定着しているか，力がついているかを確認するため」です。大切なポイントは二つです。一つ目は「授業で学習した内容がテスト範囲であること」，二つ目は「絶対評価であり，相対的に『生徒を仕分ける』ことが目的ではないこと」です。したがって，以下のような定期テストであってはいけません。
・授業中に教師からの指導（形成的評価）が全くされていない内容が問われている。
・教師側の目標達成率が50～60％程度に設定されている。

　生徒を仕分ける必要がある入学試験と異なり，定期テストは「全員が満点をとれるように指導してあるテスト」であるべきです。

チームでつくる「定期テスト」

　普段の授業で理解不足があったとしても，直前に無理やり詰め込んだ知識だけで満点がとれてしまった生徒から理科好きは生まれません。「学ぶことの楽しさ」や「身に付いた資質能力を発揮することの楽しさ」を実感できるような定期テストをつくりたいと思っています。

　私は，「定期テストが特別な理由」を理解しているつもりです。あなたや，あなたのチームはどうですか？　「チーム理科」で行うべきことは，「単元・評価計画における定期テストの位置づけ・価値づけ」の共有です。「チーム理科」内で，この「位置づけ・価値づけ」が大きく異ならないことが大切です。生徒にとっても教師にとっても，普段の授業が報われる定期テストになることを，チームが同じ方向を向いて目指してほしいと思っています。

定期テストの特別さを知り，チームで「全員満点」を目指すべし。

第2章　授業準備以外も「チーム理科」で行う　037

15 チームで教材研究に取り組む

全教師が平等に,教材と向き合う機会と時間を与えられなくてはならない。「教材研究」は一部の教師が行うものではなく,全教師が全生徒のために行うものである。

チームで行う「教材探し」

「忙しすぎて教材研究できない」と嘆く教師がいますが,頻度や濃度の差はあれど,「教材研究」をしたことがない理科教師は存在しません。第1章で述べた通り,今現在手に入る「教材」の種類は膨大であり,同じ学年でも学校が違えば,使用できる教材の種類や量が異なります。例えば,あなたが異動初年度の4月,1年生の担当になったとします。単元計画を立てるため,まずはその学校で使用可能な教材を確認することになります。教材のあるなしに応じて「授業の目的」「教えたいこと」「つけたい力」を変えることはしません。変えるのは目標ではなくて,手段の方です。

・校庭や学校周辺に観察可能な植物があるか。
・ルーペは1クラスの生徒数分あるか。
・1人1台端末やデジタル教材が,すぐに使用できる状態にあるか。

教材の状況を確認して,授業の組み立て方を考えます。例えば,「アブラナ」も「ツツジ」も手に入らない場合,代用可能な植物を探します。ルーペが生徒数分ない場合,生徒全員が観察できるように工夫された指導方法を探します。この「探す活動」こそが「教材研究」です。一人で探すか,チームで探すか,どちらがより「生徒のため」になるかは,考えるまでもないです。

赴任したばかりの教師にとって,「どこに何があるか」がわからないだけ

でも，相当のストレスと時間がかかります。「チーム理科」が協力し合って「教材探し」をすることで，早期にストレスから解放してあげてください。

書籍と研究会

　教材研究には，①書籍から情報を得る，②研究会に参加する，といった主に二つの方法があります。①に関しては，チーム内で書籍を紹介し合ったり，準備室等にチーム共有の本棚を用意したりすることで，チーム内での意見交換が活発となり，書籍の内容が何倍にも深まります。もちろん，教科書（心得07）やその指導書から得られる「教材情報」もたくさんあります。

　②の研究会の中で行われている主な活動例を下記に挙げます。

> ・研究授業および研究協議会　・研究員の設置と活動　・研究発表会
> ・実技研修会　・講演会や実地研修会

　自治体ごとに行われている研究会には，ほとんどの教師が所属し，教科ごとに年に数回集まるところが多いはずです。最も身近な研究会での活動をまずは大切にしましょう。会員にならなくとも，研究会主催の研修会や講演会，研究発表会に「一度参加してみる」ことから始めるのもよいでしょう。回覧板や掲示板による研究会案内が閲覧できる学校が多いはずです。「チーム理科」のアンテナを高くして，チームと生徒に還元してほしいと思います。

　また，「チーム理科」内での「研究会への誘い合い」も活発にしていきたいです。最初の一声を私にかけてくれた大先輩がいたからこそ，私はこの本を書くことができています。理科研究への熱い思いと大先輩への感謝の気持ちが消えることは今後もありません。

「チームで本を読む」「チームで研究会に参加する」
取り組みやすい方から「教材研究の一歩」を踏み出すべし。

16 チームで授業研究に取り組む

授業研究を行うには，様々な「壁」がある。「授業力向上の種」は授業の中に落ちている。自分以外の授業をチーム内で見合うことで，「壁」を超え「種」を拾う一歩としたい。

チーム内授業研究

　教師が学び成長する機会は数多く存在します。しかし，様々な事情で「放課後や土日の研究会に参加できない」という声があることも事実です。もしそのような声が「チーム理科」の中から聞こえたときは，「チーム内授業研究」をするのはいかがでしょうか。その名の通り，「チーム理科」のメンバーがお互いの授業を見合う機会を増やし，チーム内で学び合うことが目的です。

　私が恵まれていたことの一つに，今まで勤務していた学校全てで，お互いの授業を見合う雰囲気が自然とできていたことが挙げられます。当時は気が付きませんでしたが，管理職や研究主任，理科主任の先生方が意図的にそのような雰囲気をつくり出していたのだと思います。おかげ様で本当に多くのことを「チーム内授業研究」から学ばせていただきました。

チーム内「ちょこっと見学」

　ベテラン・若手関係なく，「自分の授業を見られることが好き」という人は多くありません。なぜ好きでないかは，容易に推測できます。
・授業内容や授業規律の良し悪しについて指摘されたくない。
・生徒への態度や言葉遣いの良し悪しについて指摘されたくない。
・「授業がわからない・つまらない」といった生徒の言葉や態度を見られ

たくない。
といったところです。「指摘されたり注意されたりした方が自分の学びに繋がる」ことは，頭でわかってはいるものの，嫌なものは嫌なわけです。

「チーム内授業研究」を行う上で大切なことは「継続すること」です。したがって，私が見に行くときには，自分自身に三つの決まりを設けました。

> ① いつ見に行くかを事前に伝えない。
> ② 授業の途中から入り，途中で抜ける。
> ③ 授業後にお礼とほめ言葉のみを伝える。

①と②は，教師・生徒ともに緊張感を減らすためであり，私の授業を見る際に，相手にも求めました。「いつでも・どこでも・少しでも」の「ちょこっと見学」は，「チーム内授業研究」の壁を低くし，お互いの授業見学回数が増えることに繋がりました。③の「ほめ言葉」とは，指摘をリフレーミングした言葉ではなく，心からのほめ言葉でなくては意味がありません。

「生徒が楽しそうでした」
「先生のあのやり方，とてもわかりやすいです」
「今日の実験，初めて見ました。私もやってみます」

といった一言で構いませんが，本当に思ったことを伝えます。理科好きの中学生に戻り，生徒目線で純粋に授業を楽しむことで，ベテラン・若手関係なく「この先生はすごい」「この授業をやってみたい」「理科の授業は楽しい」と気付かされることがたくさんあります。そして，授業者も見学者も「授業はやはり楽しくなくてはならない」と同じように強く思えることが，この「チーム内授業研究」の最大の利点です。

授業はチームで楽しみながら研究してつくるもの。「ちょこっと」でも楽しく続ければ大きな成果が得られると心得るべし。

17 知恵と工夫を集結させて理科室を整備する

「片付けられた理科室」を，生徒と教師が一緒になって維持しようとする（維持したくなる）理科室をつくりたい。
そのためには，年度当初の「決め事」と「準備」が必要。

チームで行う片付けと準備

「自分が行う実験の準備や実験後の片付けは，授業者が最初から最後まで責任をもって行う」ことが当たり前であり，あえて「決まり事」として言葉や文章にすることでもありません。しかし，「前の授業者の実験器具がいつまでも片付けられていないため，次の実験準備ができない」ということが頻繁に起こるチームだった場合，チームに亀裂が生じかねません。

そこで提案したいことは，「実験の片付けは，次に実験をする教師が行う」というルールをチーム内で結ぶことです。授業終了後すぐに実験の片付けができないことは少なくありません。「片付けは後でもできる。生徒との時間は今しかない」と多くの教師は感じるからです。そこで，先ほどのルールの本領発揮です。授業準備をすると同時に前の授業の片付けもやることが前提であれば，前の授業者に断りを入れる必要もなく，イライラすることもなく，何の躊躇もなく自分のタイミングで実験準備をすることができます。

また，単元計画の作成や授業準備も一緒にできているチームであれば，片付け方や処分の仕方が不明となることはまずありません。チーム内で誰かだけがいつも片付けているというような不平等さを感じるようなことも，私の経験上ではありません。その代わり増えてくるのは，前の授業者と次の授業者が一緒になって片付けと準備をしている姿です。

受け継がれていく「理科室整備」

「理科室整備」の知恵と工夫に関しては，ベテラン理科教師になかなか敵いません。理科室を使用する回数が多ければ多いほど，知恵と工夫が積み重なり改善されていき，「理科室整備」に関する洗練された知識・技能が増えていくからです。以下に，今まで私自身に引き継がれてきた「理科室整備の知恵と工夫」の一部を紹介したいと思います。

実験準備	棚や引き出しの中身が一目でわかる「表示ラベル」の貼付は徹底的に行う。中身が見えない場合は，器具の写真を貼っておくとなおよい。
片付け	各班に1枚「雑巾」があるとよい。そのための「雑巾がけ」も設置しておく。タンクの端や蛇口の管に掛けておくだけだと煩雑になる。
	卓上用の小さな「ホウキ・チリトリ」セットを各班に常備しておき，生徒が自由に使用できるようにしておくことで，消しゴムのカス掃除のために自然に使用するようになる。
流し周り	水圧が強めになっている理科室水道の蛇口は，「ゴムホース」をつける。飛び散り防止や，目の洗浄のしやすさのために必須。
	シンクの底部分に，「スポンジ素材のマット」を敷いておくことで，シンクの破損や洗浄中のガラス器具の落下による器具の破損を防ぐことができる。
	「三角コーナー」を班ごともしくは全体のシンクに常備しておくと，マッチの燃えカス入れや沸騰石などの細かな物体の除去に便利である。

大切なことは，「これらの知恵と工夫を気付いた教師・知った教師・やってみようと思った教師がやってみる」ということです。チーム内で検討したり理科主任に許可を得たりする必要はありません。勝手にやっても文句を言う教師はいません。それだけ大先輩方の知恵と工夫は洗練されています。

「理科室整備」は，今までのチームの知恵と工夫を集結させ，これからのチームでさらなる熟練を目指すべし。

コ ラ ム

難しすぎず簡単すぎないから探究にもってこい！
使える課題 II

> 氷が液体のちょうど中間に静止しています。
> この現象のつくり方を説明しなさい。

　前回のコラムに引き続き，単元は「密度」です。今回のポイントは，固体の密度の違いによる「水への浮き沈み」を液体同士の浮き沈みへ応用した点にあります。手順は以下の通りです。

---

① 色付けした20％食塩水に水をそっと（割り箸につたわらせるなど）加え，液体同士が混ざらないよう二層へと分ける。（生徒実験）
② ①の液体にプラスチック片（ポリスチレン）を入れ，液体の境界面でプラスチック片を浮かせる。（生徒実験）
③ ①と②の現象が物質の密度の違いによるものであることを理解する。
④ 氷が液体中に静止する様子を観察（演示実験）し，課題に取り組む。

　上記の①～③を生徒一人ひとりが行い，それを教師が丁寧に指導・評価することで，生徒全員の課題への主体性が高まります。

　　　　　　　　　生徒のレポート例▶

〈この現象の作り方〉　　　　　　　　　　（図1）
① 氷の密度より大きい物質は (0.92g/cm³ より大きい物質) 20％食塩水 (1.149g/cm³) をコップに入れる。
② わりばしをつかう。氷の密度より小さい物質 (0.92g/cm³ より小さい物質) エタノール (0.79g/cm³) をわりばしにつたわらせながら，コップに注ぐ。

〈まとめ〉
上のような作り方をすれば，図1のようになる。
よって氷が，しずんだり浮いたりすることなく，20％食塩水とエタノールの中間あたりで，静止する現象がおきる。

第3章
理科の授業外でも生徒を力強く育てる

　第1章，第2章で述べてきた通り，理科教師の仕事は，一人ではなくチームでやる方が，生徒にとっても教師にとってもよいことばかりです。したがって，第3章からは，「チーム理科」で行うことや，そのチームを理科主任がリードし支えることを前提として，話を進めていきたいと思います。
　まずは，「授業外の生徒の活動」に目を向けます。授業外での生徒は，授業では「見せない姿」を見せ，授業だけでは「つかない力」がつき，ときに授業よりも「力強く」成長した姿を教師の前に見せてくれます。

18 研究発表会
―「ここまでできた」の経験をつくる

「研究してよかった」「発表してよかった」という言葉を理科の授業で引き出すことは至難の業だが，「研究発表会」という壁に立ち向かい乗り越えた生徒の口からは頻繁に聞こえてくる。

生徒が学校外で活躍できる「三つの場」

　サッカーや陸上競技などの運動系活動には，他校（他団体）と競う「大会」があり，吹奏楽や合唱などの文化系活動にも，「発表会」や「コンクール」で他校との交流があります。これらの活動は，理科の授業とは異なる生徒の姿を見ることができるという点では「授業外活動の代表」とも言えます。

　「中学校理科・科学」の世界にも，「大会」「発表会」「コンクール」がありますが，教師からも生徒からも認知度が低く，少し敬遠され，盛り上がりに欠けているように感じます。

　中学生が参加できる「校外理科活動」には，大きく3種類あります。

① 生徒の科学分野における研究結果のコンクール・発表会
② 生徒が科学的知識・活用力を発揮して筆記や実技で競い合う大会
③ 生徒が主に児童相手に開く実験・モノづくり教室

　三つとも，個人でもグループでも参加ができ，学校を通さなくても参加できるものもあります。三つ全てで指導・引率の経験がある私から見た，それぞれの理科の授業・理科教師としての関わり方，それぞれで見せる生徒の成長の様子などについてお話ししていきたいと思います。

研究発表会

　夏休みを中心に生徒が研究した結果をレポートやポスター形式で発表するのが「理科研究発表会」「理科研究コンクール」であり，自治体や大学，民間企業など様々なところが主催しています。

　種類が多い中から私が選ぶ基準は，以下の二つです。

> ・審査員等からの講評があるか。
> ・レポート提出だけでなく，生徒が口頭で発表する場があるか。

　「講評」とは「評価」のことです。評価がなければ授業でないのと同じように，講評をもらうために発表会やコンクールに参加すると言っても過言ではありません。「研究した生徒の視点やひらめき，努力を称え，課題点を明らかにした上で，丁寧にアドバイスを贈る」そんな講評を贈られた生徒は，「研究してよかった」「楽しかった」という思いとともに，今後も必ず成長を続けます。賞をとったけれど講評をもらえなかった生徒が，同じように思えるかどうかは疑問です。

　ポスター発表に向けてポスターを作成したり，スライド発表に向けてスライド資料を作成したりする機会は，中学生にとってあまり多くない貴重な機会だと言えます。人前で話すことが苦手な生徒にとっては，逃げ出したい緊張に見舞われることに間違いありません。だからこそ，その機会を与え，たくさん練習して，発表を成功させたいです。「中学生だけれど，ここまでできた」「緊張したけれど，ここまでやれた」という経験は，部活動での経験に勝るとも劣らないものとなります。

「研究を発表する」ことで得る緊張感と達成感は今後に繋がる大きな糧となることを生徒に実感させるべし。

19 実技コンテスト・実験教室
―理科を楽しみ，使う機会を設ける

> 「実技コンテスト」も「実験教室」も，本番当日に教師がすることは特にない。
> 生徒と一緒に理科を楽しみ，生徒の成長を一番近くで感じ取る。

実技コンテスト

　日本の高校生が毎年大活躍している「国際科学オリンピック」は有名ですが，中学生対象の大会・コンテストも日本各地で開催されています。多くが筆記試験と実技試験で構成されており，個人戦もあれば，数人のグループで課題に取り組むこともあります。

　過去に出された実技問題には，以下のようなものがあります。

　「与えられた材料・道具のみで，できる限り長い時間小球が転がることができる装置を作りなさい。」

　「与えられた材料・道具のみで，この部屋の床から天井までの高さを正確に求めなさい。」

　物理的・地学的知識とその活用力だけでなく，実験・観察力や発想力が問われます。また，グループで行う場合には，協働力が勝負を決めます。

　このようなコンテストの参加に二の足を踏んでいる教師や生徒が多いように思います。「どうせ一部の賢い生徒が，勝って，楽しいだけでしょ」とつぶやかれている声が聞こえたこともあります。勝ち負けはもちろん重要ですが，勝つことだけを目標とすると，生徒も教師も辛くなるだけです。生徒にとって，実技コンテスト参加の一番の目的は「楽しむこと」です。我々理科教師にとってみれば，授業を通して「理科の楽しさ」「学ぶ楽しさ」を知っ

てほしいわけですが，この実技コンテストに参加している生徒を見ていると，「敵わない」と正直思います。授業中における教師と生徒との間には「評価」「成績」「受験」という言葉がどうしても割り込んできます。そのようなフィルター越しに学ぶ理科からは，「理科の本当の楽しさ」は見えてこないのかもしれません。実技コンテストで生徒が見せる純粋に「理科を楽しむ」姿は，「何のために理科を教えるのか」「本当の理科の楽しさとは何か」といった，日頃忘れがちな「原点」に立ち返らせてくれます。

実験教室

　ラーニングピラミッドにおいて，「人に教える」ことが最も定着率が高いと言われています。最近では，学校の授業においても，「教師の代わりに生徒が教える授業」の実践報告が多くなっているように思います。実験教室で，生徒が児童相手に実験の実演や説明をしている場面は，「人に教える」ことによって「自らが成長できる」絶好の場面であると言えるでしょう。

① 準備段階で「うまく伝える」ために学ぶ。
② 本番で「知識の言語化」→「自己評価」→「調整・修正」を繰り返す。
③ 事後，様々な人からの評価を受け，自己を振り返る。

　実験教室には，上記の３段階で学びの場面があります。特に②において，生徒の学びと成長速度が上がるように思います。そのために，①で教師が指導・支援を徹底的に行い，成長のための助走機会をつくる必要があります。教師が「教えるプロ」の自負をもって，「教える指導」を行い，「教える心」を授ければ，本番は教師が何もしなくても，生徒が勝手に成長するはずです。

生徒が理科を楽しみ，理科を使い，理科を学び，自ら成長する機会を提供することが教師の役割であると心得るべし。

20 地学実習①
―周りの教師によさを伝える

「地学（野外）実習は，一部の学校でしか，一部の先生のもとでしか，やれない。だからやらない」そのように思っている先生方にこそ知ってもらいたい。「一度やったらやめられない理由」を。

秩父・長瀞野外実習

　私が現在勤務している中学校では，毎年2年生の秋に1泊2日の「秩父・長瀞野外実習」を行っています。泊りがけの地学実習を学校行事として毎年行っている中学校は，全国でもほんのわずかです。私が知る限り，公立中学校ではほとんど実施されていません。それはなぜか。以下のような理由が考えられます。

①授業時間数確保のため，行事が縮小されたり廃止されたりしている（新しく行事をつくるなんてもってのほか）。

②地学実習を行うにあたっての専門的な知識をもった教員が少ない（異動が頻繁にある公立中学校において，毎年継続していくことが難しい）。

　①について，本校でも同様の傾向にありますが，理科教師以外の先生方が，地学実習のねらいに賛同し，生徒が取り組む姿に「地学実習をやる意義」を見いだしてくれていることが，続けてこられた最も大きな理由です。

　②については，大学の先生のご指導によるところが大きいです。大学の地学専門の先生と本校の理科教師が意見を出し合いながら，毎年継続的に行われてきただけでなく，少しずつ学びが「進化（深化）」してきています。観察場所，観察方法，伝え方，課題への取り組ませ方を，その時代や環境に応じて変化させているため，前年度と全く同じ実習となった年は1回もありま

せん。地球（自然）は動きを止めたことがありません。地球を学ぶ学問である「地学」も，現在進行形で変化し続けているわけです。大きな地球が長い時間をかけて変化してきたことを実感することこそが，秩父・長瀞野外実習の大きな目的の一つだと言えます。

秩父・長瀞である理由

秩父・長瀞は，「日本地質学発祥の地」と呼ばれています。それは，日本の近代地質学の夜明けである明治初期から様々な研究がこの地で行われてきたことによります。右の場所が，本校の地学実習で実際に行って観察する場所の一部です。一つひとつは全国の様々な場所で見ることができ，岩畳を除けば，秩父・長瀞特有のものはありません。これらを短時間で一度に観察できる場所こそが秩父・長瀞なのです。

- 石灰岩と玄武岩による山
- 石灰岩が作り出す鍾乳洞
- 川底だったことを示す露頭
- 河岸段丘が一望できる丘
- 砂泥互層と関東ローム層による不整合が観察できる露頭
- 化石が発掘できる川原
- 多種多様な川原の石
- 巨大な変成岩・結晶片岩
- 片理と節理が見せる岩畳
- ポットホールがある岩

地学実習の意味

上記で示したような場所で，何を学び何がわかるのでしょうか。「教科書や動画資料だけでもよいのではないか」地学実習を受けていない生徒だけでなく，企画・実施したことがない理科教師の多くがそのように思うことでしょう。次項で二つほど例をあげて，地学実習の意味について考えてみたいと思います。

地学実習のよさは，実習を受けている生徒の姿を実際に見ている教師にしかわからない。その教師は，周りに地学実習のよさを伝える義務があると心得るべし。

21 地学実習②
―実物ならではの感動を生徒に伝える

> 実際に「触る」「見る」「その場に立つ」ことでしか得られないことがある。
> 教室では決して得られない「気付き」「驚き」「感動」がある。

何を学び何がわかるのか①

　秩父に到着して最初に行く実習場所は「橋立」です。ここは，武甲山と呼ばれる石灰岩と玄武岩による山の麓にあたります。ここで生徒に与えられる課題の一つが「武甲山の成り立ちについて説明せよ」です。授業で山の成り立ちについて学習している生徒たちですが，すぐには答えられません。なぜなら授業で習ったどの方法でも，武甲山の成り立ちは説明できないからです。

　教室での授業であれば，生徒は教師の解説を聞いて，その内容をもとに理解を進めていく他ありません。地学実習の場合は，まず石灰岩と玄武岩の岩に直接触り，その硬さを確かめます。そして，石灰岩と玄武岩それぞれを目の前にしながら，岩の成り立ちについて振り返ります。そうすることで，石灰岩と玄武岩の巨大な塊が，この秩父の地にあることが「普通であればありえない」ことに気付くわけです。数億年という長い「旅」の終着点に立っているからこそ理解できることと味わえる感動があります。

何を学び何がわかるのか②

　「取方」という場所には，露頭があります。露頭の見方，地層のでき方，不整合のでき方については，実習前に生徒は学習していますが，実際の露頭の迫力には，誰もが驚きます。実際の露頭の大きさを知ることだけでも価値

は十分ありますが、ここで生徒たちに考えてほしいことは、「この地で1600万年前に何があったのか」という課題です。生徒は地層の目の前で地層の学習を振り返ります。「地層はどういう場所でできるのか」「砂岩の層と泥岩の層が交互にある意味」についてなど、生徒なりに一生懸命考えを巡らせます。

　地層を観察することで、この地が昔どのような場所でどのように変化していったかがわかります。地層は過去を物語っていることに気付いた生徒は、観察の仕方が変わってきます。教科書や授業での多くの知識が、「実物」を見るこの地で繋がり深まっていくわけです。

最初の一歩は身近な場所へ

「楽しかったです。ありがとうございました」

　地学実習が終わり、秩父から帰ってきた解散時、ある生徒が私に声をかけてきました。そう、地学実習は「楽しい」行事なのです。「楽しさ」にはいろいろあります。「見る楽しさ」「知る楽しさ」「体験する楽しさ」「課題を解決する楽しさ」その生徒に、何が楽しかったのかは聞きそびれてしまいましたが、「学ぶことの楽しさ」を知った生徒は、今後も主体的な学びを続けていくに違いありません。一人でもこのような生徒がいる限り、この地学実習という学習機会を絶やしてはいけないと、私は勝手に使命感を抱いています。

　本校のような宿泊行事で行う必要は全くありません。「学校の近くに川原がある」「校外学習で毎年行く先に露頭が見える」のであれば、まずは教師が行ってみることから始めてみてください。触った岩石の向こう側に、生徒の「驚き」「感動」「笑顔」の様子が見えてくるはずです。

地学実習を経験した生徒には、昨日までの「ただの石」が、数億年の長い歴史をもつ「奇跡の石」に見えるようになる。
理科教師は、その感動を生徒に伝えられることを知るべし。

第3章　理科の授業外でも生徒を力強く育てる　053

22 天体観測会
―「見せたい」を大切に方法を探る

> 理科の授業では，実際に天体を直接観測する機会が非常に少ない。モデルやシミュレーションでは味わえない感動を生徒に与えるためには，直接観測させるしか方法がない。

「奇跡」を伝える天体ショー

「日食」「月食」「惑星の太陽面通過」「惑星直列」「彗星」「流星群」

　これら天体ショーは，子どもから大人まで多くの人の心をつかんで離しません。暗闇の中，光ったり動いたりする綺麗で不思議な現象は，天体の知識がなくても楽しむことができます。そこに，「宇宙の壮大さ」「天体の大きさ」「宇宙上の位置と地球からの見え方の関係」といった「知識」が備わることで，これら天体ショーが，どれだけ奇跡的なことなのかを理解することになります。この奇跡を知った生徒にとっては，「見る楽しさ」に加えて「理解する楽しさ」が加わり，より多くの感動を生むことになります。

　これらの「楽しさ」を知っている理科教師が，生徒に「感動」を味わわせたいと思うことは当然です。今では，学校以外にも様々な団体が天体ショーを企画し多くのメディアが取り上げていますが，中学生にとって最も身近な「専門家」である理科教師の役割・生徒への影響は大きいと言えます。

　日食であれば昼間の数時間，月食のほか多くの天体現象は夜中に観察することになります。「天体観測会を開催したい」と思ったとしても，授業中はもちろん，学校での正規の教育活動時間内での実施が困難です。そんな中，どのような形で「天体観測会」ができるのかを考えていきたいと思います。

日食・月食

「観測のしやすさ」「現象の神秘さ」「メディアの注目度」何をとっても，日食と月食に敵う天体現象はありません。広い宇宙の中で，大きさが大きく異なる太陽・地球・月が，一直線上にぴったり並ぶ「奇跡」のようなタイミングと，地球から見たときの太陽と月の大きさがほぼ同じになるという「奇跡」のような位置関係が重なることで生じる現象です。観測直前の授業で，この現象の「希少さ」を生徒に伝え，理解させることが重要です。日食であれば，日食観測用の眼鏡の話，月食であれば，光の散乱や屈折の話を追加しておきます。また，指導中の単元や学年にかかわらず，全生徒へ平等に伝えられるように「チーム理科」で共通の資料を作成・配付しておくとよいです。

月食観測でのオススメは，「各家庭からの写真撮影および画像送信」です。月食は観測時の注意点がほぼないため，学校と家庭（希望する生徒）が遠隔で観測結果報告などのやりとりができます。家庭事情に合わせて，可能な範囲での観測となりますが，経験上，多くの生徒が主体的に取り組みます。

日食は天体現象の中でも特に「希少性」が高く，皆既日食を日本で見ることができる機会となれば，一生に一度あるかないかです。私も含め，この本を手に取っている理科教師の多くは，2035年9月2日（日）がラストチャンスです。多くの学校が休みのこの日，理科教師ができることは何でしょうか。私は「全生徒を皆既日食が見えるところまで連れて行きたい」と思っています。これを実行するには，様々な課題を解決しなければなりません。それでも，学校，保護者，地域，自治体など，多くの方の協力を得て必ず実行したいのです。「皆既日食観測」には，それだけの価値があります。

「天体観測」には，「見せたい」「理解させたい」「感動を味わわせたい」という理科教師の思いを込めるべし。

23 校外学習
―「+理科」の要素を入れる

「校外学習は，あくまでも『学習』です」といくら口だけで言っても生徒には「学習の楽しさ」は伝わらない。教師が「学びの先輩」として，楽しみながら学ぶ姿を生徒に見せたい。

校外学習中の理科

「オリエンテーションキャンプ」「林間学校」「スキー教室」「修学旅行」など，校外学習が各学年に1回程度予定されている学校は多いと思います。多くの場合，「行く目的」「行く場所」「行く時期」「生徒の活動内容」が伝統的に決まっていて変更されることはあまりありません。私は，「変更していくべきだ」と言いたいわけではなく，「+理科」が入らないか（活動の中に理科がプラスできないか）どうか検討してほしいと思っています。

校外学習は「学習」であって，「遠足」や「旅行」ではない，という考え方もあります。ここで重要なことは用語の解釈ではなく，その目的です。入学したばかりの生徒たちの交流の機会としたい「オリエンテーションキャンプ」や卒業を直前に控えた生徒たちの最後の思い出づくりの場としての「卒業遠足」のように，教科学習に関した目的を設定しにくいこともあります。

私自身が「+理科」にチャレンジした事例が二つあります。「修学旅行」と「博物館見学」です。結論から言ってしまうと，どちらの事例でも多くの生徒から「『+理科』があってよかった・楽しかった」という感想が聞こえてきました。生徒が楽しいと思える一番の理由は「教師が楽しんでいる」ことです。

宿泊行事＋星

　修学旅行のように宿泊を伴う校外学習でオススメする「＋理科」は，夜の星空観測会です。夜でも明るい都会に住んでいる生徒はもちろん，普段から星空に慣れ親しんでいる生徒にとっても，同級生と一緒に夜空を見上げる時間は，思い出に残ること間違いありません。私は事前の授業で使い方を教えた星座早見盤と方位磁針を数十個持参しました。強制参加ではなく，希望制の形をとりましたが，8割以上の生徒が参加していました。時間は，15分〜30分程度とし，観測する星も，惑星のほか代表的な明るい星と月に限定しました。全て探せなくてもいいのです。夜空を指しながら隣の子と星の場所を教え合う姿こそ，授業では見ることができない貴重な生徒の姿です。もしも，宿舎の選択が学校に任されているのであれば，「星空観測が可能であるかどうか」を検討事項の一つに入れてもよいと思うくらいにオススメです。

博物館見学＋課題

　博物館見学を校外学習に取り入れている学校も多くあります。博物館なのだから，理科を学ぶことは当然だと思ったら大間違いです。生徒は勝手には学びません。よほど意識が高くなければ，生物名の表示や解説文を読まずに友達と一緒に歩くだけで終わる生徒がほとんどです。「生徒の意識が低いことが悪い」わけではなく「生徒に適切な課題を与えず，生徒の心に火をつけられなかった教師の責任」です。博物館が独自に作成しているワークシートなど，既存のものを使用してもよいのですが，実地踏査をしながら課題を考え，ワークシートを作成する時間は，理科教師にとって楽しい時間です。

生徒が「＋理科」を楽しむためには，教師が「＋理科」を楽しみながら企画するべし。

第3章　理科の授業外でも生徒を力強く育てる　057

24 総合的・応用的探究活動
―理科の授業での学びを生かす

> 理科の授業中だけでは，生徒に探究力をつけることは難しい。総合的な学習の時間を活用することで，探究力の形成的評価をすることができる。

総合的な学習の時間

　ここ数年，「探究」することの重要性が叫ばれています。中学校の普段の授業でも，単元中に探究の過程を取り入れていく実践例が数多く報告されています。しかし，教科の授業中に行われていることは，探究の過程の一部を生徒に体験させているにすぎず，「探究の練習」をしているだけとも言えます。もちろん，この「練習」は非常に大切なのですが，練習するからには，その成果を発揮する場面が必要です。

　練習の成果を発揮する場面は，実はかなり以前から設定されていました。「総合的な学習の時間」です。「総合的な学習の時間」をどのように活用するかは，学校に任されていることが多いです。学校の独自性を出すことができ，教科の枠を超えた発展的・応用的な授業が行われている学校が多いと聞きます。しかし，以前までの「総合的な学習の時間」には大きな課題がありました。普段の授業で「探究の仕方」を練習してこなかったため，生徒は「探究」することができなかったのです。「主体的に課題を発見する方法」も知らず，「課題を解決する方法」も教わっていないため，どうしても教師主導になってしまいました。

　普段の授業で「探究の練習」をしてきている「これからの『総合的な学習の時間』」こそ，真に生徒の探究力を評価できる時間だと言えます。

「総合的な探究の時間」の一例

　最近では，中学校でも「総合的な学習の時間」を「探究の時間」と称して，生徒自身がそれぞれ個々に設定した課題を生徒自身の力で解決していく長期継続的な活動を取り入れている学校が増えているように思います。本項では，著者の現任校で行われている「探究の時間」を紹介したいと思います。

　本校での名称を「テーマ研究」といい，生徒たちは，4月に提示される15程度の大テーマから，自己の興味関心をもとにして第4希望まで選択し，その中から一つの大テーマが割り振られます。

【テーマ研究　大テーマ例】
・科学とものづくり
・英語の絵本づくり
・環境と動物
・広告を読む

大テーマの内容（研究の外枠）は，本校教師が年度ごとに教科の枠を超えて設定します。大テーマのもとに集まった十数人と担当教師とによって，半年間の研究が行われていくこととなります。研究の進め方はテーマ毎に異なり，一つのテーマをメンバー全員で探究していく場合もあれば，大テーマをもとにした小テーマを生徒が各自で取り組んでいく場合もあります。一つのテーマに20時間以上，人によっては30時間近く費やした研究の集大成が披露される「テーマ研究ポスター発表会」は大変盛り上がります。

　生徒は「課題設定」に最も時間をかけ最も苦しみます。全体の半分の時間を費やした生徒もいました。その苦しみを乗り越え，「研究したい」と思えることに出会え，向き合い，とことん探究する経験は，生徒を大きく成長させます。研究発表後に生徒が書き残した「振り返り」には，「研究の苦しさと楽しさ」そして「これからの自分」が必ず書かれていることからも，生徒の成長を感じることができます。

「探究」は，理科の授業中に練習させ，理科の授業外で練習の成果を発揮させるべし。

第3章　理科の授業外でも生徒を力強く育てる　059

コラム

難しすぎず簡単すぎないから探究にもってこい！
使える課題Ⅲ

> 未知の物質（立方体）が何からできているか調べなさい。
> ただし，使用できる用具は「ばね」「20gのおもり5個」「ものさし」「スタンド」のみとします。

　またしても「密度」かと思いきや，本課題を実施した単元は「力の働き」です。複数の単元をまたいだ総合的な課題だと言えます。「フックの法則」を見いだす実験は，「何のための実験か」「何のためのグラフ作成か」を生徒に示しにくい実験だと長年感じていました。

　そこで，思い切って，「仮説の設定」と「検証計画の立案」に重点を置いた課題設定を行ってみたわけです。

　「『おもりの重力（質量・個数）』と『ばねの伸び』が比例の関係であれば，立方体をつるしたときのばねの伸びから立方体の質量を求めることができる」という仮説を立てることができた生徒は，「主張」まで一気に書き上げていました。

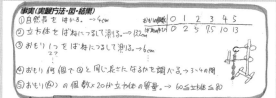

生徒のレポート例▶

第4章
自分自身を成長させる若手指導

　教師歴を重ねれば重ねるほど，「若手教師の指導」を任されることが多くなります。「チーム理科」に新しいメンバーが入ってきた場合は，昨年度からのメンバーが年齢に関係なくいろいろと教えたり伝えたりすることがあるでしょう。教育実習生や初任者の指導教員となることもあります。

　理科主任の役割は，自ら指導教員を引き受けることではありません。指導教員が行う若手指導をチームで見守り，支える体制をつくることです。

　教員養成大学の附属中学校の理科教師として70人以上の教育実習生を指導してきた著者が言えることがあるとしたら，「若手指導は，自分自身を大きく成長させる」ということです。

25 実習生指導①
―まずは単元計画を作成する

> 「教育実習」は「教師の楽しさ」を教える場。
> 指導教員としての熱量をあげていけば,実習生にも生徒にも,「楽しさ」を伝えることができる。

一生に一度の教育実習

　一般的な公立中学校であれば,理科の教育実習生(以下,実習生)を受け入れて,その指導教員となる確率は高くありません。教師にとっては数年に一度あるかないかの教育実習期間ですが,実習生にとってみれば,一生に一度の大イベントなわけです。私もですが,多くの教師が教育実習期間中のことをいつになっても忘れることはありません。「生徒からの何気ない一言」「指導教員からの叱咤激励」「授業中の失敗談」それら全てが,教師になってからの基礎となっているからです。したがって,私が実習生の指導にあたるとき,その熱量は生徒に向けたものと同じです。

　実習生には,「教師の楽しさ」を知ってほしいと思っています。私が思う「教師の楽しさ」は,「生徒の成長を見ること」です。実習生には,生徒を成長させる方法を考え,成長させる授業を行い,成長したかどうかを確かめてほしいと思っています。

　このような,生徒を成長させる指導・評価は,「実習生には必要がない」「実習生には難しいだろう」という意見があることも知っていますが,私は全くそう思いません。教師にとって必要なことであれば,それは実習生にとっても必要です。難しいことであっても,挑戦し,乗り越え,楽しむ権利は実習生にだってあるはずです。

単元計画の形成的評価

　実習生が「教師を楽しむ」ための第一歩は，徹底的な授業準備です。第1章で述べたように，授業準備はチーム力と，先を見通した計画性が不可欠であり，そのどちらも実習生に求めることはできません。実習生に与えられた時間は，2，3週間の実習期間と，その前の2，3か月間の準備期間です。この限られた時間でできる限りの授業準備をさせたいわけです。

　教育実習が開始される2か月前に実習校で打ち合わせがあったとします。指導教員との打ち合わせで，担当学年と担当単元が実習生に伝わり，授業準備がスタートすることとなります。実習生が最初に行うことは「単元計画」の作成です。「単元計画」は「評価計画」であり「指導計画」そのものです。したがって，この「単元計画」の作成に最も時間と労力をかけます。指導教員は，実習生が作成した単元計画について，「単元内で『指導』と『評価』を繰り返す計画となっているか」という観点のみで形成的評価をします。つまり，どのような課題をどのタイミングで何回取り組ませ，それらをどのように評価するかの計画を立てさせます。授業経験がない実習生にとって，これらの計画立案は非常に困難な壁です。だからこそ，指導教員との間で何度も繰り返しのやりとりが不可欠です。単元計画ができあがる前に「指導案」「板書計画」「ワークシート」の作成を行ってはいけません。これらは「単元計画」が決まってからでなければ作成すべきではないからです。単元計画さえできあがれば，授業準備の8割が終わったようなものだと私は思っています。この段階で「教師の楽しさ」を感じる実習生はいません。しかし，この段階を踏まなければ「教師の楽しさ」を実習中に知ることはありません。

教育実習の最初の一歩は「単元計画」の作成。この一歩に熱量をかけさせることが「教師の楽しさ」を教えることに繋がると知るべし。

26 実習生指導②
―模擬授業で気付きを促す

時間もかかる。手間もかかる。それでも実習生が行う授業準備として,「模擬授業」をやらせたい。その後の「反省会」にも同じくらい時間と手間をかける。全ては生徒のため。

「気付き」を促す模擬授業

「単元計画」の作成から始まった実習生の授業準備の締めくくりは「模擬授業」です。「模擬授業」を行うためには,生徒役が必要なため,指導教員としては,その環境を整える必要があります。同じ実習期間中に複数の実習生がいれば教師役と生徒役を交互に行うことができます。一人しか実習生がいない場合は,指導教員が生徒役をするか,「チーム理科」のメンバーに協力してもらうとよいでしょう。このように「模擬授業」はその環境を整えるだけでも大変です。それでも,「模擬授業」は,実習生のためだけでなく,生徒のためにも行うべきです。

「模擬授業」をすることの一番の利点は,気付きの多さです。授業者である実習生自身が「模擬授業」後に気付くことのいくつかを下に示します。

- ・予定していた時間通りに授業が終わらない。
- ・授業者の発問が生徒に聞こえない・伝わらない。
- ・生徒が授業者の予想通りに書かない・発言しない・動かない。
- ・生徒を見取れない・形成的評価をする余裕がない。

これらを「単元計画」の段階で気付ける実習生はいません。まさに「やってみなければわからない」のです。もちろん,指導教員が「単元計画」を作

成している途中でも気付くことや予想できることも多いと思いますが，ここはできる限り実習生自身に気付かせたいところです。「事前に指摘される」よりも「自分で気付く」ことで，実感がこもった主体的な授業改善ができるようになるからです。

生徒目線の授業

実習生が「模擬授業」をするまで気付けなかった内容の多くは，「生徒目線」ができていないことが原因です。具体的に言えば，下記のようなことができていないのです。

・聞く側（生徒）の気持ちになって言葉を選ぶ。
・「生徒だったらどのように答えるか・記入するか」を予想してみる。
・生徒がつまずきやすいポイントは何かを考える。
・この授業で「どのような生徒になってほしいか」を伝える。

何度も言いますが，最初からできる実習生はいません。できないから実習生なのです。できないから指導教員は実習生に指導（評価）しなくてはなりません。生徒目線に立つことの重要性も，すぐには理解できません。「模擬授業」とその後の反省会を繰り返すことで，少しずつ理解できるようになっていきます。

理科の場合，「模擬授業」は予備実験も兼ねています。したがって，「模擬授業」の反省会の内容も実験がうまくいくかどうかの話がどうしても多くなりがちです。指導教員は，実習生が実験に失敗しないようにすることよりも生徒目線に立った実験だったかどうかを重視して指導すべきです。

「模擬授業」を設定し，実習生に改善点を数多く気付かせる。指導教員の手間と時間の分だけ，実習生も生徒も成長すると心得るべし。

27 実習生指導③
―言葉の重みを意識させる

指導してきた実習生がいよいよ待ちに待った人生初授業を迎える。生徒が入ってくる前の理科室で緊張している。指導教員としてあなたは，実習生にどのような声かけをするか。

初授業の前に

　できる限りの準備が終われば，いよいよ授業本番です。「人生初授業」という実習生もいることでしょう。私が授業前の実習生に伝えることは，以下の3点です。

① 「静かにしてください」を言わない。
② 生徒に向けての言葉は事前に考えていた通り話す。
③ 生徒の顔を見て，たくさん対話する。

　まず①について，「こちらを向いてください」「寝ないでください」といった声かけも同様に言わないように伝えます。「生徒が静かにしている授業がよい授業」「授業中に関係ない話をしてしまうのは，その生徒に落ち着きがないから」といった，偏った教師側の思考が，学校には根強く残っています。
　生徒が授業中に関係ない話をしていたり，寝ていたりする理由は「生徒がその授業を受けたいと思っていない・受ける必要がない・つまらない」と思っていることにほかなりません。つまり，生徒自身の問題ではなく，授業者や授業自体に問題があることを認めるべきです。先生の話を聞いていると「わかる・楽しい・できるようになる」と思っている生徒は，決しておしゃべりをすることはありません。これらのことは，「実習生だから」は言い訳

になりません。生徒は，教師側が思う以上に，素直かつ平等に授業内容と授業者の熱意を評価します。「実習生の授業が楽しくてよくわかる」という声が聞こえたなら，指導教員としてこんなに嬉しいことはありません。

教師の「言葉」の重み

②で実習生に伝えたいことは，用語や法則の説明，実験方法やその注意点といった「教えなければならないこと」「覚えてほしいこと」「伝えたいこと」を生徒へ話すときの言葉に責任をもたなければいけないということです。実習生が思っている以上に，生徒は実習生の言葉を聞き，よく覚えており，影響を受けます。間違っても，「事実と異なること」「真実かどうか自信がないこと」「興味本位で見聞きした根拠がない話」をさせてはいけません。「言葉一つで生徒の人生を変えてしまう」こともあります。決して大げさな話ではありません。実習生だから許されるということもありません。

前述したように「ここは伝えたい」「ここは理解させたい」と実習生が思い，説明する場面は授業中に何度かあります。この「ここぞ」という場面は，「生徒全員」が聞いているかどうかを確認してから話し出すようにさせます。誰か一人でも聞き逃してほしくありません。そんなときは，①の例外になりますが，「全員，話すことをやめて，こちらを見てください」と言わせてまでも聞かせます。ここまでして話を聞かせるからには，その内容が「聞いてよかった」と生徒が思うような内容でなくてはなりません。何度も静かにさせられ，まとまりのない話をだらだらと聞かされたら，どんな生徒であれ「聞いても無駄」「静かにしても無駄」となります。「模擬授業」を経て選ばれた「言葉」は，実習生であっても（実習生だからこそ）生徒に伝わります。

実習生であっても，授業者の言葉が与える生徒への影響は非常に大きい。実習生が発する言葉の責任は指導教員がとるべし。

第4章　自分自身を成長させる若手指導　067

28 実習生指導④
―対話を通して思いを伝えさせる

実習生が一方的に話すだけの授業や，生徒と実習生とのやりとりが全くない授業では，生徒理解も適切な評価もできない。つまり，それは授業とは呼べない。

生徒との対話

　前項の続きになりますが，初授業直前の実習生に伝えることの三つ目は，「生徒の顔を見て，たくさん対話する」ことです。何度も時間をかけて練習してきた授業を「何とか無事にこなす」ことが目的となってしまう実習生が多くいます。「生徒に力をつけたい」「生徒に理科を好きになってほしい」という本来の授業の目的が頭から抜けてしまうのです。私たち教師は，まず生徒の姿が先にあり，育てたい生徒像を土台に授業づくりをしますが，実習生はそうではありません。生徒の姿が見えていない中で授業づくりをするため，最初の授業までの期間は，指導教員が意識的に実習生に「生徒ファースト」の理念を思い出させることが必要です。

　具体的な目標を示すとよいでしょう。私が伝えた目標は以下の通りです。

・担当する生徒全員の名前と顔を一致させる。
・生徒一人ひとり全員に個別に声をかける（形成的評価をする）。
・生徒一人ひとり全員へコメントを文字で返す（形成的評価をする）。

　目標達成期限は，実習期間中です。この目標を達成しようとしている実習生は，授業を行う度にその「質」が劇的に変化してきます。名簿や座席表を見なくても指名できるようになれば，授業にリズムが生まれます。生徒の理

解度を把握していれば，生徒に寄り添った指導・支援ができるようになります。生徒からしてみても，「自分を知ってくれている」「自分を見てくれている」実習生の言葉（評価）は素直に受け入れられます。
　「中学生の中には，声をかけてほしくない生徒もいるだろう」
　「どのような立場・言葉遣いで生徒と接すればよいかわからない」
　「嫌がられたり，無視されたりしたらどうしよう」
という気持ちがあり，生徒への声かけを躊躇してしまう実習生が実際にいます。実習生も教師も一人の人間です。コミュニケーション力に自信がない人もいれば，言葉をうまく選べない人もいるでしょう。それらに打ち勝つためには，「力をつけてほしい」「成長してほしい」「学び続けてほしい」「理科を好きになってほしい」といった誰にも負けない「生徒への思い・願い」をもつことが大切です。生徒に「なってほしい姿」があるのであれば，その姿に導く方法は，生徒と対話していくことしかありません。自分なりの対話方法でよいのです。生徒は実習生からの教育的愛情・眼差しを感じ取り，それぞれの生徒なりの方法で返してくれます。

自己を映す鏡

　多くのページを割いて，実習生への指導について書いてきました。多くなってしまったのは，「実習生は自己を映す鏡」であるという思いがあるからです。実習生への言葉・指摘・激励は，全て自分に対してのものでもあります。実習生への指導内容は，私が思う「教師とはどうあるべきか」そのものです。したがって，本著の「実習生」の文字を「私」「教師」に置き換えることで，「自己を振り返る」ことができます。

生徒の名前を覚え，顔を見ながら対話する授業では，授業者の思いを伝えやすい。実習生に伝えながら，自分自身に言い聞かせるべし。

第4章　自分自身を成長させる若手指導　069

29 初任者指導
―1年間の重みを意識して育てる

初任者を「チーム理科」が受け入れることになったとき，真のチーム力が問われる。指導する側には「強い自信を伴った強い指導」，指導される側には，「全てを吸収する素直さ」が必要。

実習生指導との違い

　初任者指導と，実習生指導は何が違うのでしょうか。私は，指導する立場からしたら「同じ」だと思っています。私自身が目指すべき「理科教師像」が自分や相手の立場によって変わることがないからです。したがって，実習生に伝えずに，初任者には伝えることや，その逆もありません。心得25～28の「実習生」を「初任者」に代えて読んでもらえればと思います。初任者に向けては，実習生指導と同じように向き合っていくとよいのですが，違いがあるとしたら，「指導期間の長さ」と「相手の受け止め方」です。

指導期間の長さ

　初任者は1年間かけてじっくり指導することができます。しかし，実習期間と同じ濃度の指導を10倍の長さで10倍の回数行うことができる指導教員はほとんどいません。「自分も相手も忙しい」ことだけが理由ではないと思っています。指導者側の「1年目でも教師は教師，尊重すべきところは尊重し，自主性を育てたい。だからあまり指導しすぎてもいけない」という思いに問題があるわけです。これでは，生徒に対して「自主性を重んじる」という聞き心地がよい言葉を振りかざし，何も指導していない教師と同じです。「実習生（0年目）」と「初任者（1年目）」，1年間しか違わないこの2人の

「授業力」「指導力」「対応力」に大きな違いはありません。さらに言えば，「伸びしろ」「将来への期待度」「指導の必要性」にもさほど違いはありません。初任者には，継続的な指導の繰り返しが必要です。

1年間の重み

　0年目から1年目と，1年間しか経っていないにもかかわらず，大きく変化してしまうのは，指導者側だけではありません。「指導を受ける側」にも大きな心境の変化が生じます。「1年目でも教師は教師，自分は自分で教育に対する強い思いはある。だから自主性を尊重してほしいし，あまり指導してほしくない」という思いが少なからず出てくるようになります。この思いが強くなってしまったら，指導が耳に入りにくくなります。本著を初任者が読んでくれていたとしたら強く言いたいことがあります。2年目以上だけれど初任者の方が自分より優秀に見えて何も言えなくなっている先輩教師にも強く言いたいことです。

　「1年目の先生が，2年目以上の先輩教師よりも勝っていること（生徒のためになっていること）は，ほとんどありません」

　生徒と一緒に苦しみ，楽しみ，学んできた1年間はそれだけ重く，経験した人しか言えない言葉があります。生徒のことを第一に考えられる教師を目指すのであれば，教師1年目は，「素直さ」を決して忘れてはいけません。しかし，長く教師をやっていれば，素直さに欠ける初任者に出会うことがあります。そのような初任者には，「この1年間の重み」について話し，徹底的に指導してください。指導しなくてはいけません。1人で指導する必要はありません。「チーム理科」「チーム学校」，皆で育てていきましょう。

初任者には，決して諦めない継続的な指導を徹底的に行うべし。

30 授業見学①
―目的提示の仕方を意識させる

実習生指導でも初任者指導でも，指導者として自分の授業を見学させる機会がある。
ただ見せるだけで終わりでは，「見る学び」にならない。

見る学び・見る観点

　２年目以降は，ほかの教師の授業を見学する機会は，格段に少なくなります。まずは，そのことを０年目と１年目の先生に伝え，１回１回の貴重な機会での学びが少なくならないようにすることが大切です。

　授業見学は，直接「生徒・教師の姿」が観察できるという点だけで，多種多様な研修の中でも特に得られることが多いです。「ただ見るだけ」になることを防ぐためには，指導者（授業を見せる）側が「見学する観点」を示す必要があります。「見学する観点」には大きく三つあります。

> ① この授業で身に付けさせたい能力は何か。
> ② 能力を育成するためにどのような環境づくりをしているか。
> ③ 能力が育成できたかをどう評価しているか。

　この三つ以外にも，観点を設定することはもちろん可能ですが，多ければ多いだけ，論点がブレたりずれたり偏ったりします。見学者に観点を決めさせても，同じことが起きます。観点の設定は，「ただの感想」を防ぐことにも繋がります。「生徒が楽しそうでした」「生徒が難しい課題に一生懸命取り組んでいました」「普段の指導が行き届いていた規律ある授業でした」といったような感想ばかりの授業後の協議会から得られることは少ないです。

「授業規律」や「学習習慣」が目的の授業であったとしても，具体的な教師の指導方法・評価方法が見えてこなければ，見学者自身が次の一歩をどのように踏み出せばよいかがわかりません。

この授業で身に付けさせたい能力は何か

　授業で生徒に能力を身に付けさせることは，授業の目的そのものです。つまり，授業者がどのように授業の目的を生徒に伝えているのかを観察させます。授業によって，授業者によって「目的の示し方」が異なることを知るはずです。「今日の授業の目的は…」と直接的に板書したり口頭で言ったり，それをワークシートに書かせたりする方法が一般的かもしれませんが，もちろんほかにもあります。「皆には〜のようになってほしい（〜ができるようになってほしい）」と生徒に「熱く」伝える場合もあります。導入時に現象を観察させた後に，「授業の終わりには，この現象を説明できるようになっています」といった伝え方を，私はよく使います。

　どの伝え方がよいとか悪いとかではなく，伝えたい「授業の目的（意味）」「授業者の生徒への思い」が生徒にしっかり伝わり，生徒が共感しているかどうかが重要です。生徒と教師とが同じ方向を向き，同じ思いになっているかどうかを，見学者に感じ取ってほしいわけです。この部分に観点をもっている見学者であれば，必ず感じ取れるはずです。

　「実験の目的」も同じです。実験をする前に，その目的（実験をする意味）を生徒にどのように示しているかが観察のポイントです。「全ての生徒が実験を意欲的・主体的に行っている」ことには，はっきりとした理由があります。その理由を見学者に気付かせたいところです。

生徒が主体的に動く授業（実験）には，目的提示の仕方に授業者の工夫が必ずある。授業見学で真っ先に見て学ばせるべし。

31 授業見学②
―環境づくりの意図を考えさせる

> 「授業」は，「生徒に身に付けさせたい能力」「そのための準備」「指導と評価」でできあがっている。
> したがって，授業見学の観点も，その三つに集中させる。

能力を育成するためにどのような環境づくりをしているか

　授業中に教師がやっていることは，ざっくり言うと，「生徒に身に付けさせたい能力をつけるための指導」です。やろうとしていることはシンプルなのですが，なかなかうまくいかないところが，教師という職業の難しさでもあり，面白さでもあると思っています。勉強すればするほど，多くの授業を見て学べば学ぶほど，「教師力」は確実に上がります。そこで，闇雲な授業見学ではなく，的（観点）を絞った授業見学を提案していきたいと思います。

　授業見学で見るべき観点の二つ目は，「能力を育成するための環境づくり」です。ここでいう環境づくりとは，生徒が能力を育成しやすくするため，生徒への指導がしやすくなるために行っている授業準備のことを言います。多岐にわたる環境づくりの中から，以下の二つに絞って説明します。

① 日々の指導の様子が伺える場面
② 教科書通りに行わなかった教材の工夫

　①について，例えば，教師からの指示が特にないにもかかわらず，生徒が一斉に実験をし始めたとします。このような生徒の動きの裏には，継続的で粘り強い教師からの指導があったに違いありません。「実験に必要な器具・薬品の把握の仕方」「器具・薬品の置き場所からの持って行き方」「結果の記

録の仕方」「片付け方」等々，おそらく多くの失敗経験も積ませながらの指導があったわけです。これら粘り強い指導の原動力となっているのは，指導の先にある「生徒に身に付けさせたい能力」であることにほかなりません。その能力を身に付けたことによる喜びや楽しさを，生徒と教師が共有できているからこそ「生徒と教師との人間関係」が構築されていきます。授業見学でも，その関係性に十分気付くことができます。

②について，例えば，以下のようなことが挙げられます。

> ・教科書とは異なる実験器具・薬品を用いている。
> ・教科書とは異なる手順で授業を行っている。
> ・「今日は教科書を閉じてください」という指示を教師がしている。

これらには，もちろん教師側の意図（教師の思い）があるわけです。様々な学校事情がある中で，「目の前の生徒の今」にとってベストな選択をした結果が目の前で行われている授業であることを授業見学者には知ってほしいと思います。「教科書通りに行えばよい」と思考停止になるのではなく，授業見学をする側も，事前にしっかり教科書を読み込み ，教科書をもとにして考えられた授業づくりを見て学ぶことが大切です。

ほかにも，「話し合い活動における決まり事」「個人活動と班活動の使い分け」といった「土台となる環境づくり」は，授業のあらゆる場面に隠れており，授業を支えています。この土台がしっかりしているからこそ，「本時で身に付けたい能力の指導と評価」が可能となるわけです。

心得㉛

1時間の授業の裏には，数時間にも及ぶ教師側の粘り強い「環境づくり」がある。表を見せ，その裏を考えさせ，学ばせるべし。

32 授業見学③
―評価の観点をもとに指導を見させる

授業を見学するということは,「評価」している場面を見学することと同じ。教師が生徒にどのような言葉を投げかけているのかを見逃させてはならない。

能力が育成できたかをどう評価しているか

授業見学で見るべき観点の三つ目は,「能力が育成できたかをどう評価しているか」です。「評価＝指導」と言い換えられますので,授業者が生徒にどのような指導をして,能力を育成しているのかを観察してほしいと思います。評価（＝指導）の仕方としては,以下のようにいくつか挙げられます。

① 発問に対する生徒の回答（発言）にコメントする。
② 机間指導を行う際に,生徒の活動（実験への取り組み方やワークシートへの記入など）を見取り,班ごともしくは個人に声をかける。
③ 振り返り・確認のための小テストを行い,採点後に点数を記入して返却する。
④ 課題に対する取り組みを授業後に提出させ,後日コメントを記入して返却する。

①や②は,「授業観察による評価」です。1単位時間内でクラス全員を評価することが難しいため,総括的評価には不向きですが,形成的評価には大変有効です。生徒一人ひとりが抱える課題を直接的に見取ることができ,個に対応した指導が可能となるからです。生徒との直接的なやりとりの中からは,その生徒の理解度を言葉や表情から読み取ることができます。授業者は,

限られた授業時間の中で，これらを見取り評価する時間をつくり出しています。見学者は，この時間がどのように生み出され，どのように活用されているのかを観察するべきです。
　③は，主に知識・技能の定着度を評価したいときに用います。授業者側の注意点は心得04に書いてありますが，見学者側の着目点は以下の通りです。

・何のためのテストだと説明しているか。
・テストに向けての勉強方法を指示しているか。
・テストの結果（点数）は，何を意味しているか。
・「C」評価の生徒へどのように支援しているか。

　見学者は，生徒と同じ視点に立って，実際にテストを受けてみるとよいでしょう。授業者が示す「小テストをする意味」の理解が深まるはずです。
　④については③と同様に，授業者が生徒へ「課題の取り組み方」をどのように指示しているかが，授業観察のポイントです。生徒が主体的に課題に取り組んでいるとしたら，生徒にそのような力を発揮させた「教師の指導」が必ずあります。また，小テスト同様，課題に対するレポートも実際に書き，授業者に見てもらうことをオススメします。授業後に，観点や規準・基準の妥当性や平等性について，授業者と意見交換する機会がもてれば，見学者の授業力・評価力の向上に繋がることになるはずです。
　授業見学による教師としての学びの機会は，見学者だけでなく，授業者にも同様に与えられます。見学者の「授業者には見えにくい」視点からの意見や感想は，今後の授業づくりの参考になるばかりか，自分自身の授業を振り返るよい機会となります。

授業を「評価」の観点から見学させることで，授業者の思いがこもった「指導」の様子を見て学ばせるべし。

第4章　自分自身を成長させる若手指導　077

33 指導案の作成①
―授業の目標を明確化させる

若手が研究授業を行う際に，指導案の添削を求められることがある。そもそも，指導案はなぜ必要なのだろうか。若手への指導案の指導は，まずそこから始めなくてはならない。

誰の何のための指導案なのか

　指導案は，授業者がこれから行う「授業」をほかの人に伝えるために使用する「授業の説明書」です。もちろん，自分の授業計画を整理するために作成してもよいのですが，多くの指導案は，自分以外のほかの人のために作成します。今まで述べてきた通り，「授業」は教師の思いが全て詰め込まれた「作品」です。指導案は，その教師の思い全てが，読み手に伝わるように作成されなければなりません。

　指導案の読み手が，経験の浅い教師だったならば，その授業を参考にしたりそのまま真似したりするかもしれません。研修の場に指導案があれば，たとえ読み手が授業を見学していなかったとしても，活発な授業研究を行うことができます。これらを経て改善されていった「授業」は，多くの生徒の力を伸ばすことになるでしょう。つまり，あなたが作成した指導案は，時間と場所を超えて多くの生徒に理科の楽しさを伝えている可能性があるわけです。自分が指導案を作成するときはもちろん，若手への指導案の指導も，授業準備と同じくらい大切な仕事です。

「生徒に身に付けさせたい能力」を書く

　心得31でも述べましたが，「授業」は，「生徒に身に付けさせたい能力」

「そのための準備」「指導と評価」でできあがっています。したがって，指導案にも，この三つを記載することで，教師の思いが伝わるはずです。

　まず，「生徒に身に付けさせたい能力」です。授業の目標ですから，指導案の最初に書くことになります。授業は，1単位時間で計画され評価していくものではありません。「単元」という数時間の単位で計画していきます。ここでいう「単元」は，学習指導要領に記載されている「中項目」を指すことが多いです。中学校学習指導要領をもとに表すと次のようになります。

```
（例）第一分野
 2　内容
　（1）身近な物理現象　　→　大項目　「内容のまとまり」
　　　ア（ア）光と音　　　→　中項目　「単元」
　　　　㋐光の反射・屈折　→　小項目
```

　授業の目標としては，この「単元」の目標を記載します。学習指導要領には，「教科の目標」「分野の目標」など様々な目標が記載されています。「指導案」に記載する目標として適している（読み手が知りたい）のは，「単元」の目標であるため，指導案の最初の項目は授業の目標ではなく，単元の目標とするのが一般的です。単元の目標は，学習指導要領に記載されている「教科の目標（第1目標）」「分野の目標（第2-1目標）」「分野の内容（第2-2内容）」をもとに作成します。つまり，学習指導要領の確認作業が不可欠です。「生徒に身に付けさせたい能力」を明確化するこの作業は，授業の根幹とも言えます。したがって，指導案作成中に何度も単元の目標に立ち返り，ブレていないか確認することが必要です。

指導案の指導の最初の一歩は，授業の目標の明確化。学習指導要領を傍らに単元の目標をじっくり時間をかけて書かせるべし。

34 指導案の作成②
―単元計画・評価計画が肝と伝える

授業の目標が定まれば，あとはその目標に向かって指導するだけ。指導案には，その指導方法（単元計画）を記載する。指導と評価の意図が伝わる単元計画とはどのようなものか。

単元の評価規準

単元の目標が定まれば，単元の評価規準も自ずと決まります。目標は，生徒が身に付ける能力に着目した「～する」という表現となります。評価規準は，その能力が身に付いた生徒の様子に着目した「～している」という表現となります。授業の目標を，教師から見た生徒の姿に落とし込んだものが評価規準であるとも言えます。「『指導と評価の一体化』のための学習評価に関する参考資料」（国立教育政策研究所）の巻末資料に単元の評価規準の例が載っていますので，参考にするとよいでしょう。

単元計画・評価計画

心得04～06で示した内容を指導者がしっかり理解した上で，指導案作成者にもその内容を伝えてください。単元計画・評価計画は指導案の内容項目の中で最も重要であり，最も検討時間を割くべき項目だと私は思っています。

単元計画は，「本時の授業前後の授業内容がわかればよいだけのもの」では決してありません。「目標達成に向けた指導と評価の計画」であり，その計画を読み手が読むことで，形成的評価の流れがわかるものになっている必要があります。

したがって，指導案の指導の際に指摘・確認すべき項目は次の通りです。

・形成的評価をする場面と総括的評価をする場面（記録に残すか残さないか）がわかるような評価計画となっているか。
・「形成的評価の繰り返し」→「総括的評価の場面」の順番で計画されているか。
・1単位の授業内で重視される評価項目が，一つずつ決められているか。

　授業者が無理なくできる範囲の生徒への指導・支援方法について時間をかけて検討してください。当たり前のことですが，意味のない授業・不必要な授業なんて1時間たりともありません。

　「単元計画を立てたからには，計画通りに進めなくてはならない」というわけでは決してありません。単元途中で単元計画を見直す機会が来るとしたら，それは形成的評価が思うように進んでいないときです。形成的評価で，多くの生徒が「努力を要する（C評価）」であるにもかかわらず，総括的評価をすることは，「指導の諦め」「指導なき評価」であり，教師として絶対避けなければなりません。単元計画は，「研究授業」や「定期テスト」のためにあるわけではなく，生徒のためにあるわけですから，生徒の理解度・定着度次第で単元計画を変え，研究授業で見せる授業や定期テストの範囲も変える必要があります。

　指導案の指導の中で最も重要な項目が単元計画・評価計画だと述べてきました。このことは，実習生指導や初任者指導でももちろん同じです。最短でも単元が始まる1か月前から検討を始め，時間をかけて指導しなくてはなりません。単元計画は「大変で苦しいもの」ではなく，「多くの生徒の笑顔を思い浮かべながら楽しむもの」であることを，指導案の指導を通して若手に伝えられたらと思います。

指導案の良し悪しは，単元計画・評価計画で決まると教えるべし。

第4章　自分自身を成長させる若手指導　081

35 指導案の作成③
―本時は単元計画の具体と伝える

CHECK! 「本時」について指導案に示す必要がある理由は「単元内全授業について参観したり研究したりする時間がとれない」という教師側の都合である。

本時の目標・評価規準

「指導案の略案」と称して、本時の流れのみが記された指導案を見かけることがあります。このような指導案からは、授業者が伝えたい生徒や教科に対する思いを読み取ることはほとんどできません。その1単位時間の授業が、単元の中でどのような意味（役割）がある時間なのかが重要なのであって、単元の流れがわからない状態で、そのどこかの一部を見ただけでは、読み手側が授業に対してコメントできることは「ほとんどない」と言えます。

「単元計画」ありきの「本時の流れ」であることを忘れてはいけません。「単元計画」で載せられなかった「指導と評価の具体」の部分を「本時の流れ」に書くようにします。本時の目標と評価規準は、単元計画・評価計画に記載があるのであれば、再度載せる必要はありません。もし載せるのであれば、どちらも一つずつに絞ってあるか確認しておきましょう。

1単位時間に「目標一つ」「評価する観点一つ」が基本です。1単位時間で生徒のために教師ができることには限りがあります。単元全体で全生徒、全観点を指導・評価すればよいのです。本時の流れで示すことは、「評価できるかどうかわからない不確実な指導方法」ではなく、「クラスの半分の生徒なら評価できる可能性が高い指導方法」であるべきです。

本時の流れ

「本時で目標とする生徒の姿」はすでに決まっていますので，それらの目標と目標達成に向けての指導・評価方法の具体を読み手に伝えることになります。本時の流れで示す項目として「学習場面」「学習活動」「指導上の留意点」「評価規準」「評価方法」などいくつかあります。授業者にとっても読み手にとっても本当に必要な情報とは何かを見直す必要があると感じています。

「教師の思いが読み手に伝わる指導案」では，授業者がどのように課題（授業の目標・目指すべき生徒像・生徒に身に付けさせたい能力）を生徒に伝え，その課題に対して生徒はどのように思考（活動・発言）し，それらを教師がどう評価（見取り・指導）したかが見てわかります。例を示します。

生徒の学習活動	教師の指導・評価
凸レンズでタブレットの画面をスクリーンに映すことができるか工夫しよう。	
凸レンズでタブレットの画面をスクリーンに映し出すことを通して，気付きや疑問をワークシートに記入する。（個人→班で共有）	机間指導しながら個人および班での活動を支援する。
課題 凸レンズによってできる像について気付いたことや疑問から，問題を見いだそう。	
班で共有した様々な気付きや疑問を基に，原因や関係することを考え，ワークシートに記入する。（個人→提出）	記述内容を以下の規準で評価する。 【評価規準】 凸レンズによってできる像について，問題を見いだして表現している。

上記の本時の流れに加え，使用するワークシート，予想される生徒の反応・記述，評価規準の詳細を指導案に記載（添付）しておくことで，生徒と教師の姿がより明確になり，読み手に寄り添った指導案になります。

本時の流れは単元計画の補足であり詳細であり具体である。決して「指導案の主役」ではないことを知らせるべし。

36 「私ならこうやる」を惜しまず伝える

「どうしても生徒実験で失敗する班が多く出てしまいます」そんな相談を若手から受けたとき，「私ならこうやる」を惜しまず伝えることは，先輩教師の責務である。

演示実験の極意

　教科書で扱われている「生徒実験」において，「教科書通りの結果にならない」ものはありません。多くの教師によって検証・検討が繰り返された実験しか教科書に記載されることはないからです。したがって，実験結果が教科書通りにならない理由の一つは，「実験のやらせ方」つまり「教師の教え方」にあります。

　実験の内容にもよりますが，生徒実験の前の「演示実験」が効果的なことがあります。私なら「演示実験」は以下のようにやります。

① 絶対に失敗しないように何度も練習しておく。
② クラス全員の目線が自分に集中するまで始めない。
③ 注視してほしい場面を劇的に演出する。
④ 生徒実験は「演示実験」直後に行う。

　「演示実験」は理科教師の「見せ場」です。生徒に「自分も早くやってみたい」と思わせることができれば成功です。そのためには，真似してみたくなる「成功する姿」を見せる必要があります。

　「演示実験」は多くの生徒にとっては場所取りで争いが起きるほど「楽しみでわくわくする」時間ですが，クラス全員がそういうわけではありません。

中には後ろ向きな生徒がいます。そのような場合，「○○さん，私の手元が見えますか？」といった粘り強い声かけが重要です。それは，「○○さん，私はあなたを見捨てませんよ！」というメッセージにもなっています。「誰一人として見捨てない」という思いは，教師の胸の内にあるだけではだめです。その姿勢を生徒に見せることで，生徒の授業の受け方が前向きに変化していきます。

　「演示実験」の中には，生徒に注視してほしい場面，伝えたい「うまくいくコツ」があります。「ここを間違えないように」「ここに注目して」「最後にこの部分見てて！　ほら」といった，生徒を巻き込んだ大げさな演出で，強い印象付けを行います。

　①〜③がうまくできていれば，多くの生徒は，早く自分でもやってみたくてウズウズしているはずです。まさに狙い通りのこの状態になった直後に「はい！　それでは自分たちでもやってみましょう」という教師の合図で，目を輝かせて我先にと実験に取り組む生徒の姿が見られるはずです。このような姿を見るためには，演示実験を行う前に，班での実験準備がある程度済んでいる状態にしておく必要があります。

　教師と生徒とが一体となった「演示実験」によって，生徒実験の成功率は格段に上がります。このような「授業技術」と呼ばれるテクニックの習得には，多くの授業経験が必要です。だからこそ，若手には「演示実験の極意」を惜しまず教えてあげてください。教える方法として最適なのは授業見学です。実際の「演示実験」の様子（生徒も教師も目を輝かせて実験している姿）を見れば，その若手教師も目を輝かせること間違いありません。

実験の成功率を上げ，生徒を理科好きにさせる「華麗な授業テクニック」は惜しまず伝承すべし。

第4章　自分自身を成長させる若手指導

コラム

難しすぎず簡単すぎないから探究にもってこい！
使える課題Ⅳ

> ロウソクの外炎で黒くなった銅線が，炎心の中で銅に戻った理由を説明しなさい。

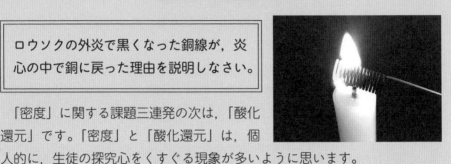

「密度」に関する課題三連発の次は，「酸化還元」です。「密度」と「酸化還元」は，個人的に，生徒の探究心をくすぐる現象が多いように思います。

上の写真は，ロウソクの炎の中に酸化して黒くなった「うずまき銅線」を入れている様子です。この課題を解決するためには，以下の知識を事前に理解しておく必要があります。

・酸化銅は炭素や有機物によって還元し銅になる。
・ロウソクの主成分であるパラフィンは有機物であり，炎心の中で「ロウ」の気体が燃えている。
・不完全燃焼の内炎でモノを加熱しようとすると，すす（炭素）がつく。

これら既習事項を振り返ることで，「この課題を解決できるかもしれない」と生徒に思わせることが大切です。また，個人での観察（ロウソクとうずまき銅線を一人一つずつ配付すること）が可能であり，生徒一人ひとりに時間をかけて観察させることができる点も探究向きです。

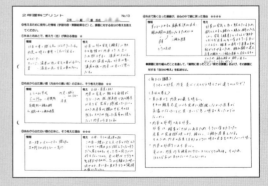

生徒のレポート例▶

第5章
「チーム学校」の繋がりで
深め広げる授業

　第1章から第4章にかけて，生徒の育成のために，「チーム理科」で授業をつくっていくことが重要だとお話ししてきました。ここであらためてご自分の職場を見回してみてください。「チーム理科」と同じ思い，同じ熱量で生徒に向き合っている「他のチーム」の存在に気付くはずです。教科の枠の中だけでは見えてこなかった景色を見て，聞こえてこなかった意見を聞くことで，理科の授業が深まり広がります。

37 他教科連携で学びに化学変化を起こす

「○○先生。今度一緒に授業やりませんか」とは，なかなか言えないもの。他教科連携は，「大変さ」ばかり想像がつき，「成果」が見えにくいため，その成果を実感している教師が言うしかない。

他教科＋理科

　私と教科連携授業との出会いは，校内研究です。当時の研究主任が「教科連携」を校内研究のテーマとしたのです。「理科」「教科研究」しかしてこなかった私としては，「やらされ研究」としてのスタートでした。

　忘れもしない最初の「＋理科」は「保健体育」です。薄々感じてはいましたが，連携してみて驚くほど「同じことを教えている」ことに気付くことになります。「それなら，協力して課題を考えよう」となったわけです。以下がその一例です。

・上腕二頭筋を鍛えるためには，どのような筋トレをすればよいだろうか。
・運動すると汗が出て，呼吸や脈が荒くなり，お腹がすくのはなぜだろうか。
・お酒が強い人と弱い人がいるのはなぜだろうか。
・運動神経をよくする方法は存在するのか。

　授業計画としては，まず理科教師が知識を伝え，次の時間に保健体育の教師が課題を与える単元計画を立てました。生徒は理科の教科書を傍らに，体を動かしながら課題へ取り組みます。

　教科連携をすることの成果は大きく二つあります。一つは，生徒の気付きや考察の内容に「教科の枠を超えた幅」が生まれることです。例えば，「細

胞では…」「筋肉が縮むことで…」といった，理科的な視点での発言が明らかに増えます。これは，連携前の保健体育の授業ではあまり見られなかったことだそうです。生徒は，「教科」という枠の中で授業を受けることで，その枠の知識や考えに縛られてしまうのかもしれません。教科連携は，その枠を生徒から取っ払い，思考の幅を広げる取り組みと言えるでしょう。

　二つ目の成果は，異なる教科の教師同士が悩みや喜びを共有できた点です。これも，連携する前は予想できなかったことですが，教科が違えど「悩んでいることが同じ」だったのです。理科でも保健体育でも表出していた共通の課題に対して「何とかしたい」という思いももちろん同じです。したがって，連携した授業で見せた生徒の変化へも同時に気付き，一緒に喜び合いました。教師も生徒も同じで「自分は一人ではない」と気付いたとき，大きな力と喜びを得ます。

　「やらされ研究」から始まったものの，教科連携の成果を実感した理科教師は，その後，数学・社会・音楽・国語とも連携した授業をつくっていき，「チーム学校」の底力を知ることになります。現在の学校教育において，いくつもの「教科」の枠が存在し，異なる教師が異なる時間に授業を行っています。教科を連携させたカリキュラムマネージメントを進めるためには，この「型」を崩す必要があるため，なかなか先に進まない現状があります。しかし，私が何度か教科連携を行ってみて辿り着いたことは，「想像以上に効果が得られる」という実感です。年間指導計画の大幅な変更は必要なく，数時間分の単元計画を複数の教員で協力して作成していきます。もちろん，事前の打ち合わせや準備には時間がかかりますが，生徒はこちらが準備をした分以上に「成長」という形で答えてくれます。

思いが同じで教科が異なる教師が連携した「型破り授業」は予想もしない化学変化を生徒と教師にもたらすと心得るべし。

38 養護教諭との事前の連携で火傷を防ぐ

理科教師は，生徒が火傷などの怪我をしないように最大限の注意を払いながら授業を行う。生徒が怪我をした後の保健室ではなく，怪我をする前に保健室に行くことで，防げる怪我がある。

防がなければならない「火傷」

中学校理科の実験において，ガスバーナーやガスコンロといった加熱器具は多くの実験で必須の実験器具です。これらによって加熱されたガラスや金属はもちろん発熱しますが，一見熱そうに見えないため不用意に触れてしまうことがあります。中学生の理科実験中の怪我として最も多い「火傷」の原因は，ほとんどが加熱されたガラスや金属に触れることです。誰が見ても熱そうなために否が応でも注意深くなる炎そのものや沸騰した水，赤熱した薬品による火傷は少なくなります。

つまり，火傷を防ぐ最も効果的な方法は，加熱器具そのものではなく，「加熱器具の周りに注意を払わせる」ことです。実験の基本は言うまでもなく「安全・安心」です。痛みを伴う実験・授業であってはなりません。教師の一言で安全・安心の度合いが少しでも増すのですから，しつこいくらいに注意の一言（指導と評価）を生徒にかけてください。

理科教師は，火傷を防ぐために注力すべきですが，それでも起こるのが火傷です。よって，火傷が起きたときの対処の仕方を常日頃から考え，準備しておきましょう。もちろん，一人（もしくは「チーム理科」だけ）で考える必要はありません。養護教諭と「火傷の話をするため」に保健室を訪れることをオススメします。もちろん「事前」にです。

養護教諭の先生に火傷の対応を確認する

　火傷が出てしまった場合の対処方法を養護教諭と確認しておきましょう。今まで私が出会ってきた先生方は，口をそろえて次のように言います。

> 火傷の度合いによらず，必ず保健室に「生徒自身が」顔と傷を見せに来てほしいです。例え小さな傷であっても痛みや傷跡を残し，教師が思う以上に大きな心の傷になっていることがあるからです。それを表情や会話のやりとりの中で見極め，個に応じた処置・対応が必要となります。

　養護教諭が伝えたいことは，刺し傷，切り傷など全ての怪我において同じです。「少し赤くなっている程度だから」「本人が大丈夫と言っている」という理科教師側の勝手な理由で授業に生徒を残してはいけないのです。授業をすぐに中断し，保健室に連れて行ってください。もちろんその後，数日間の経過観察は，生徒を傷つけてしまったことへの最低限の責任です。

　しかしながら，火傷を恐れて「実験をしない」という選択をする理科教師であってはいけません。「生徒にとって必要と思える実験を生徒にやらせたい」という思いを実行するためには，「生徒の安全・安心を絶対に確保する」という同じくらい強い思いをもつほかありません。

　養護教諭の言葉の裏には，「中学校を卒業した後に，自身に起こる火傷（怪我）を自身で適切に判断・処置できる人になってほしい」という思いが隠れているように思います。火傷（怪我）は決して起こしてはなりません。もし起こしてしまった場合は，次の痛みを生まないための「学び」を生徒にさせたいのです。理科教師と養護教諭がチームを組めば，それが可能です。

生徒を「火傷」で傷つけてはいけない。そのために，まずは理科教師が保健室に行って，養護教諭と話をすべし。

第5章　「チーム学校」の繋がりで深め広げる授業　091

39 養護教諭との事前の連携でアレルギー反応を防ぐ

> 理科教師は，アレルギーの専門家ではないが，間違いなく生徒を守る最前線にいる。
> 養護教諭とチームを組んで専門家にならなければならない。

アレルギーを知る

　アレルギー反応は，呼吸困難を代表とした重篤な症状を招く可能性があります。生徒の安全・安心を第一に考える学校において，生徒にアレルギー反応を出させてはなりません。理科教師として，理科の授業中にアレルギー反応を起こさないようにするための第一歩，それは，前項と同様に保健室に行って養護教諭と話をすることです。

　生徒のアレルギーについての情報は，年度はじめに共有されることが多いため，この時点で理科の実験（授業）内容と関連付けて情報を整理したいわけです。そして，その情報交換の後，できる限り早く「チーム理科」と養護教諭との情報交換会を開きましょう。アレルギーは思いのほか広く深く理科と結びついています。理科の授業中に特に気を付けなければならないアレルギー反応は，「『花粉』『植物』による皮膚炎・鼻炎・結膜炎」と「『小麦粉』『牛乳』『卵』による蕁麻疹・湿疹」です。

　1年生の4月に，校内周辺の生物観察を行う理科教師が多いと思います。害虫対策と並行して皮膚炎や鼻炎を引き起こしやすい植物の把握と，アレルギー反応を起こしやすい生徒を認識した上での授業計画が必要となります。

　口から入ったものが原因となる食物アレルギーは，重篤な症状になることが多いため，最大限の注意が必要です。小麦粉は生徒実験でも演示実験でも

決して使ってはいけません。強く言いすぎと思うかもしれませんが、心得12で紹介した必須教材の片栗粉の代わりに「小麦粉でもいいかな」と使うことがないように、あえて強く「使用禁止」と心得るべきだと思っています。小麦粉は空気中に舞うことで粘膜に触れやすいことも使用禁止の理由の一つです。牛乳や卵は、演示実験の教材や探究活動として使用することがあります。牛乳や卵は生徒にとって身近でありながら、様々な場面で魅力的な教材へ変化を遂げます。つまり、生徒の口に直接入らずとも、手に触れる可能性は大いにあるわけです。アレルギー反応は個人差がかなりありますので、演示実験を見る場所の配慮や、マスク・防護眼鏡などの着用を徹底するなど、万が一に備える心構えが必要です。

養護教諭が、教師や生徒向けにするアドバイスはシンプルです。

> 授業（実験）前後の手洗いを徹底させるだけでアレルギー反応の多くは防ぐことができます。

「手洗いの徹底」は、教師が意識して声かけをしない限り難しいです。火傷と同様に「教師からの指導と評価の一言」を粘り強くかけ続けることが徹底させる唯一の方法です。

科学部の活動や、探究的な授業においては、生徒自らが実験材料や教材の素材を自由に選択する場面が多くなります。あくまでも、教師がつくる「安全・安心」の環境の中で行う自由でなくてはなりません。アレルギーと配慮が必要な生徒を完全に把握した上で、「考えさせ、使わせる」実験からでなければ「楽しさ」は決して生まれません。アレルギー反応の可能性がある素材を完全に除去した授業は、教師にとってただ「楽」なだけにすぎません。

心得㊴ 生徒を知り、アレルギーを知った上で、実験前後の手洗いを徹底させるべし。

第5章 「チーム学校」の繋がりで深め広げる授業 093

40 用務員の方への感謝の気持ちを忘れない

用務員さんは，生徒の前に立つことは少ないけれど，用務員さんなしの理科の授業はあり得ない。
そのことを生徒および多くの若い理科教師に伝えたい。

学校の環境整備を担う用務員

　用務員さんの職務内容については，自治体や学校ごとに決まっていることが多いため，一概に言えるものではありませんが，多くの場合「学校の環境整備」を担っています。ほかの職員と異なり，生徒を相手にすることが少ないため，生徒目線からは，その仕事内容が見えず認識しにくいと言えます。「何でも屋」「雑用係」といった間違った認識をもつ生徒さえいます。このような誤認識を生んでいる原因は，教師側にあるように思います。学校はチームで成り立っているという意識を高める必要があります。

　この本を手にとっているあなたは勤務する学校の用務員さんのお名前を言えますか？　もし言えないとしたら，あなたは用務員さんのことを本人の前でも教師や生徒の前でも「用務員さん」と呼んでいませんか？

　私は，生徒の前で「用務員さんがしてくれた話」をするとき，「○○さんが〜」とお名前を添えます。その人が，「仕事だから」という理由ではなく，「生徒のために」という思いでしてくれた行動であることを知っているからです。

生徒に話す「○○さんがしてくれたこと」

　用務員さんがしてくれたことは，私が用務員さんに頼んだことだけでなく，

用務員さん自身が「チーム理科」や生徒のためにこっそりやっておいてくれたことも含めると，紹介しきれないほどたくさんあります。

以下に用務員の〇〇さんがしてくれたことの例を挙げます。

- 「ムラサキツユクサ」「タンポポ」「アブラナ」など，理科の授業で使用する可能性が高い植物を刈らずに残しておいてくれる。
- 「アルミ缶」「スチール缶」「ペットボトル」など，理科の授業で使用する教材を一緒に集め，洗ってくれる。
- 校内で見かけためずらしい小動物の情報や写真を提供してくれる。
- 「鳥の巣」や「ハチの巣」を見つけたとき，真っ先に「チーム理科」へ情報提供してくれる。

授業中に使用する教材を用務員さんの名前と共に紹介しています。紹介する度に毎回生徒から拍手が起こり，生徒にとって〇〇さんは「ヒーロー」のような存在となっています。

切れかかった理科室の蛍光灯が次の時間には取り換えられていたり，長期休業明けに普段掃除しない箇所が綺麗になっていたり，落ち葉や雑草の少ない環境が維持されていることは，決して当たり前ではありません。用務員さんも先生方も生徒にとっての「ヒーロー」になりたくて仕事をしているわけではありません。しかし，「当たり前の日常を維持するために，当たり前ではない多くの人の思い・行動がある」ことを教師が生徒に伝えていく必要があるのではないかと思います。安全・安心な日常を提供してくれる「ヒーロー」の存在を認識している生徒が，ポイ捨てをしたり，掃除をさぼったりすることはありません。

用務員さんは，生徒にとっても「チーム理科」にとっても，当たり前の日常を提供してくれる「ヒーロー」であると心得るべし。

41 体験授業で「理科を学ぶのが好き」の気持ちを育てる

> 「チーム理科」の目的の一つである「理科の楽しさを伝える」対象は，中学生だけではない。小学校と協力・連携し，「楽しい理科の学び」を継続させていきたい。

体験授業

　多くの中学校で近隣の小学校と合同行事を行っています。「チーム理科」が活躍する機会と言えば「体験授業」でしょう。多くの教科で体験授業が行われていると思いますが，理科は自他ともに認める「体験授業の花形」です。

　小学校では，「理科の楽しさ」を十分に児童へ伝えてくれています。多くの小学生は，「こんなにも楽しい理科が中学校ではもっと楽しいに違いない」と胸躍らせています。そんな小学生の思いを受け止め，さらに高めることが中学校の「チーム理科」に求められています。

　私が心がけている「体験授業の極意」は以下の通りです。

- ・中学校で実際に学習する内容と極力同じにする。
- ・小学校での学びが生きる内容とする。
- ・小学生が実際に手を動かしながら体験（実験）できる内容とする。
- ・お土産として持ち帰らせることができるものとする。
- ・「中学校で学習しないと完全には理解できない」程度の難易度とする。

　「体験授業」の目的の一つは，小学生に「中学校で学ぶことの楽しさ」を伝えることにあります。よって，「中学校で理科を楽しみながら学んでいる自分の姿」が小学生にイメージできるような内容であることが大切です。

葉脈標本づくり

体験授業でオススメの題材の一つである「葉脈標本づくり」を紹介します。

【事前に準備しておくこと】
① ヒイラギモクセイの葉（人数分）を採取する。
② ５％水酸化ナトリウム水溶液にヒイラギモクセイの葉を入れる。
③ ガスコンロなどで10分加熱する。
④ 水のはったトレーで，葉を色が水に染み出なくなるまでよく洗う。

【実験手順】（体験授業当日はここから）
⑤ 水をはったトレーに④の葉を入れる。
⑥ 葉を１枚トレーの底に敷き，人差し指ではじくように葉肉をはがす。
⑦ ２層になっている葉脈（道管と師管）をはがすように分ける。
⑧ 食紅などで着色し，新聞紙またはろ紙ではさんで完全に水気をとる。
⑨ ラミネート加工を行い，ルーペで観察する。

葉脈を知っている児童でも，道管と師管の２種類があることを知っている子は多くありません。水酸化ナトリウムを知っている児童でも，タンパク質を溶かす性質があることまでは知らない可能性が高いです。体験授業で詳細を説明する必要はありません。「中学生になれば習うよ」と伝え，葉脈標本をしおりにして手渡せば，興味がある児童は後で勝手に調べるでしょう。葉肉を取り２層の葉脈をはがす作業は，「コツ」をしっかり聞き理解すればうまくできるため，児童に「やればできる」と達成感を味わわせることができます。うまく葉脈をはがせた児童からは歓声が上がること間違いありません。

入学してくる前に，「理科が好き」から「理科を学ぶのが好き」へと変えることができる「体験授業」の意義は大きいと知るべし。

42 小中合同研修で小学校での学びを意識する

> 小中合同の研修会が自治体主催で設けられていることが多い。設けられていなかったとしたら，小中の理科主任が中心となって小中連携の要となる研修会を主催するとよい。

小学校での学習内容を知る

「小学校で学習した内容は中学校では学習しない」
「小学校で学習した内容は，その全てが中学校で掘り下げられる」

これらはどちらも間違っています。小学校の教科書を読まず，小学校での学習内容を理解していないまま中学生に授業を行ってはいけません。小中で同じ内容であるにもかかわらず，異なる教え方をしてしまった場合，小学校までの学びを無駄にしてしまったり，生徒を混乱させることに繋がったりしかねません。特に混乱が生じやすい「小中の学びの違い」を以下に挙げます。

- 「溶解度曲線」については，小学校5年生で学習しているが，小学校では棒グラフ，中学校では曲線で示す。
- 小学校4年生で「二つの乾電池の並列つなぎ」について学習しているが，中学校では「やってはいけないつなぎ方」として教える。
- 小学校理科で出てくるグラフは「棒グラフ」「折れ線グラフ」であり，「誤差を配慮した直線もしくはなめらかな曲線のグラフ」は中学校で初めて学習する。

これらは，小学校側でも「どこまでをどのように教えるべきか」を悩んでいる可能性が高いです。このような場合，小中合同の研修会で議題にするこ

とをオススメします。小学校側が抱える課題として「理科を専門にした教員が少ないため，小学校内での研修が進まない」ことがあります。年齢・学年に応じた，段階的な学びは必要です。それは小学校から中学校へ変わる段階でも同様です。小中の教員と児童・生徒が誰一人躓くことなく階段を上がっていくためには，小中合同の研修会は大変重要なステップです。

また，小学校では出てくるけれど，中学校ではほとんど扱われない学習内容および教材も数多くあります。「気体検知管」「コンデンサ」「振り子の運動」「てこのはたらき」などがこれに当たります。これらは，小学校でこれらの学習が行われた目的を中学校教師が理解した上で，中学校での学習に繋げることが求められます。例えば「振り子の運動」であれば，条件を制御し，運動の規則性を調べる力をつけることであるため，光学台やモノコードを用いた実験の前に取り上げることが考えられます。

「風化・浸食・運搬」「気象観測」「月の満ち欠け」といった単元は，中学校よりも小学校の方がより丁寧に指導しているように思います。したがって，これらの単元は，小学校で学習した内容の復習を導入に用いるなど，生徒の定着度を確認しながらの授業展開が考えられます。

小学校の教科書や学習指導要領に目を通し，小学校の先生方とお互いの悩みを相談する機会が多ければ多いほど「小学校で教える理科」を知ることになります。そしてそれは義務教育最後の３年間を任された中学校理科教師が「中学生に最終的に何を学ばせたいか」を考え，計画し，実行するためには必要不可欠な「教師の学び」です。

「小学校で教える理科」は，中学校理科教師として「知っておいた方がよい」ことではなく「知らなければならない」ことだと心得るべし。

第5章 「チーム学校」の繋がりで深め広げる授業 099

コラム

難しすぎず簡単すぎないから探究にもってこい！
使える課題 V

右のように，架空の電子掲示板に投稿があったという設定です。既習事項と，予想される生徒の実験計画は以下の通りです。

> **SECHU！ 知恵袋**
> MAG_NE_SIUM さん
>
> 私はマグネシウムと言います。自分で言うのもなんですが，酸素からとても好かれています。そんな私の前に水素が現れました。水素は，「酸素と一番相性がいいのはオレだ」と言い張ります。
> どうかお願いです。酸素は，水素よりも自分（マグネシウム）のことの方が好きであることを証明していただけないでしょうか。

【復習】 $2CuO + C \rightarrow 2Cu + CO_2$
$CO_2 + 2Mg \rightarrow C + 2MgO$
$CuO + H_2 \rightarrow Cu + H_2O$

【酸素との結びつきやすさ】
$Cu < C < Mg$
$Cu < H$

【予想される実験計画】
・水素が入った試験管の中に酸化マグネシウムを入れ，金属マグネシウムの光沢が戻り，試験管内が曇るかどうかを確かめる。（実験A）
・点火したマグネシウムを水蒸気内（水中）に入れ，酸化マグネシウムができるかどうかを確かめる。（実験B）

「マグネシウム君なんていない」そんなことはわかっていても，多くの生徒が「よし！　やってやろう!!」となります。

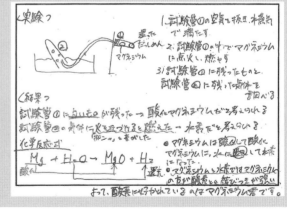

生徒のレポート例▶

第6章
指導と評価をし続ける教師へ

　本章で述べる「学期末評価」「年度末評価」は，高校入試の資料「評定」にもなる「総括的評価」のことです。学校現場で一般的に「評価」と言えば，この「総括的評価」を指すことがほとんどです。少し極端な言い方をすれば，「総括的評価」は高校入試のため「だけ」の評価だとも言えます。

　本章で私が伝えたいことは，「『総括的評価』は『指導』ではない」ということです。したがって，今までの章と変わらずに，「形成的評価＝指導」の話もしていきたいと思います。

　また，「成績をつける」という仕事内容は，この本を手にしているあなただけが理解していればよいわけではありません。「チーム理科」の中で共通理解し，同じ歩幅で進めなければなりません。これらの調整役はもちろん理科主任です。

43 自由研究
―指導と評価に時間をかける

長期休暇中の理科の課題と言えば,「自由研究」。課題として生徒に課すのであれば,「自由」とは何か,「研究」とは何かについて,理科教師からの指導がなくてはならない。

自由に研究する難しさ

「子供の夏休み」＝「自由研究」と言えるほど,自由研究は学校で出される長期休暇中の宿題という枠を超えた「全国民共通の年間行事」となっています。関係書籍も多数あり,多くの研究発表会やコンテストが夏休み明けに行われています。保護者も自分自身が子供の頃の経験があるため,家族総出で課題探しをすることも多く,子育て世代の家庭にとって一大イベントとなっています。このように,何十年にもわたって「日本の夏休みの理科」の中心に鎮座し,社会や家庭が大騒ぎをしている中,「学校」は,「理科教師」は何をしたのでしょうか。「課題を出して終わり」となっていないでしょうか。

「自由に研究する」ためには,非常に多くの知識・技能と思考力が必要です。「問題を見いだし,課題を発見する力」「仮説を立てて実験方法を立案する力」「実験結果を分析する力」「わからないことを調べる力」「結果を表やグラフでまとめる力」あたりが最低でも必要です。すでにお気付きだと思いますが,これらの資質・能力は,小中高と進む過程で,段階的に学習し身に付けていくべきものです。小学校1年生の夏休みの段階で課題とする場合,教師側の相当な覚悟が必要です。児童が「自由に研究」できるように教師が指導（＝形成的評価）する時間があまりにも短いからです。

「自由研究」の指導

それでは，小学校で探究的な学習を経験した後の中学校1年生の夏休みの課題として「自由研究」を出した場合の教師側の覚悟についてお話しします。以下に私が行った自由研究についての授業計画を示します。

	生徒の活動	教師の指導・評価
4月	問題を見いだす。 (疑問や気付きを教師に提出する。)	身近な現象や既習事項の中から疑問や気付きをいくつか出させる。
4月～6月	課題を設定する。 (教師の支援を受ける。)	見いだした問題の解決策を生徒に考えさせる。 (適宜支援する。)
7月	課題解決に向けて仮説を立て，具体的な実験方法を立案する。 (教師の支援を受ける。)	使用器具，薬品の入手方法，安全性等の確認を生徒(保護者)と行う。 レポートの書き方や評価方法を説明する。
夏休み中	研究活動・レポートを作成する。 (研究方法の変更等が生じた場合は教師からの支援を受ける。)	生徒からの中間報告や質問を受け，適宜指導・支援を行う。
9月	作成したレポートを提出する。 (教師の支援を受けながら，必要に応じて再提出する。)	レポートに不十分な箇所があった場合，訂正・追記・再提出を行わせる。
10月	レポートの発表会を行い，自己・他己評価を行う。	総括的評価を行い，評価表を配付する。 (レポートは発表会後に返却する。)

総括的評価の観点は「思考・判断・表現」とし，「見いだした問題から課題を設定し，仮説を検証するための実験を立案できたか」を観点別評価しました。また，支援システム内のチャット機能を用いることで夏休み中の指導・支援を可能としました。レポートの再提出も限度を設けなかったため，生徒全員のレポートをA評価にまでして終えることができました。レポート内容に関する教師からのコメント評価も行ったため，指導も評価も時間はかかりましたが，その分「やってよかった」と多くの生徒が自己評価する姿を見られました。それだけで教師としてもやってよかったと思っています。

「自由研究」を夏休みの課題として出すのであれば，指導と評価を行うことが絶対条件であることを心得るべし。

第6章　指導と評価をし続ける教師へ　103

44 調べ学習
―「理科」の指導と評価をする

「調べ学習」としてポスターや新聞を生徒一人ひとりに作成させる課題は、「理科の総括的評価」の材料によく用いられる。
つまり、その前の「形成的評価」が必然である。

「調べ学習」は学習だろうか

　下記は、私が若手教師の頃、実際に生徒に課した「調べ学習」です。
「夏休み中に行った博物館・動物園についてまとめましょう」
「身近な野菜を一つ選び、その花や根について調べてまとめましょう」
「楽器を一つ選び、その楽器の音が出る仕組みと音の高さを変える方法について調べてまとめましょう」
「88ある星座から一つ選び、成り立ちについて調べてまとめましょう」
　単元の終わりのタイミングで簡単な説明をした後、宿題として家でやらせます。2週間程度の作成時間を設けることで、多くの生徒が立派に仕上げてきます。それらを理科室の壁や廊下に貼りだすことで、生徒も教師も一定の達成感を得るわけです。
　恥を覚悟で述べるならば、私は生徒に「調べ学習」をさせることが苦手です。それは、今までに何度も指導（＝評価）に挑戦してきていますが、「適正に」「平等に」評価する自信がもてないからです。図書でも、インターネット上の情報でも、それらを「ただ」書き写すだけの生徒や色ペンや定規を用いて丁寧で見やすい「だけ」の生徒と、色や図がなく字が曲がっていたりするけれど調べた内容を自分の言葉でかみ砕きながらまとめている生徒とを、どうしても同じ土俵で指導・評価できなかったことがその理由です。

「調べ学習」の評価

・字が綺麗で読みやすい
・絵や写真が多く使われていてわかりやすい
・色ペンや定規を用いて丁寧につくられている

　上記のような評価は，生徒の表面的な表現方法の一部を見ているにすぎず，教科の理解・意欲を評価しているとは言えません。したがって，形成的評価であればよいのですが，「理科の評価」として総括的評価をすることはできないということです。

　「調べ学習」について妥当性・公平性を保った状態で総括的評価をするためには，以下に示すことが大切になります。

・情報の集め方，活用方法，注意点等を事前に指導する。
・課題（目的）を明確にし，その課題に対する「自分の主張」，その「根拠」が記入できるように指導する。
・評価の観点と規準を生徒に説明する。
・作成の途中段階を細かく評価（形成的評価）し，何度もやり直させる。

　宿題と称し「課題を本人や家庭に投げっぱなしにする」やり方は，指導ではなく，生徒に力をつけることはできません。宿題とすることで，評価材料としても妥当性・公平性が高いとは言えません。つまり，「調べ学習」の総括的評価をするためには，上記のような丁寧な指導（＝評価）を授業中に時間をかけて行う必要があるわけです。

時間をかけて指導した「調べ学習」は，生徒の時間も教師の時間も，決して無駄にはなっていないことを知るべし。

45 ワーク
―提出する目的を粘り強く伝え続ける

「ワーク」「ノート」「ファイル」「レポート」などの提出物に対して,「提出期限通りに出した」ことを総括的評価する場面がよく見られる。これはいったい何を評価しているのだろうか。

ワークをやらせる意味

　提出させる物によって目的は異なりますから,まずはワークに絞って話を進めていきます。ワークを生徒にやらせる目的は,次の通りです。

① 知識を定着させるため
② 学習習慣をつけるため

　どちらの目的も,達成するためには「指導＝形成的評価」が必要です。つまり,「提出→指導→再提出」という形成的評価のサイクルを繰り返すことが「ワークの使わせ方」として重要です。
　しかし,「総括的評価をつけるため」が,ワークの目的になってしまっていることがあります。その原因の多くは教師側にあります。
　下記のような生徒の行動は,「ワークを提出する目的」が伝わっておらず,教師による形成的評価のサイクルが繰り返されていないときに見られます。
　・「解答例」「友達の解答」を丸写しして提出してくる。
　・ほとんど無解答のまま提出してくる。
　「ワークを提出する目的」を理解し,自分自身の知識の定着と学習習慣を実感できている生徒は,このような行動をとることは決してありません。

遅刻提出・未提出の評価

　ワークを提出させる場合，提出日を指定することが多いと思います。提出日を守らせることは大切です。約束・時間を守れない人は，大人になっても信用されません。中学生のうちから，「規律を守ること」「相手を思いやること」ができるように育てる必要があります。「提出日を守らせる」ための指導は，記録に残さない形成的評価です。「提出日を守らせる」ことは「理科の目標」ではないため，「総括的評価」をするべきではありません。

　「ワーク未提出者は，ワークの評価の『主体的に学習に取り組む態度』は『C』とします」

　「ワークの提出期限から1日遅れるごとに，ワークの点数から『マイナス1点』していきます」

といった総括的評価をするべきではないということです。このような話をすると，以下のような質問が出ます。

　① 期限を守る生徒と守らない生徒に「差」をつけなくてよいのか？
　② いくら言っても提出しなかった生徒はどうするのか？

　①についてですが，「理科の観点における評価の差」はつけられません。また，「差」をつけることが目的ではありません。②については，粘り強く「教師の思い」を生徒にぶつける以外の方法はありません。教師側には「学期末評価・年度末評価」を出す期限日が決まっています。その日までに提出が間に合わなかった生徒の評価は「C」ではなく，「評価資料がないため，評価できない」となります。もちろんこのようなことになってはなりません。評価を盾に脅すのではなく，教師に必要なのは「粘り強く熱い思い」です。

「遅刻提出・未提出」に関して，「記録（＝総括的評価）」はすべきではないが，「指導（＝形成的評価）」は徹底的にすべし。

46 ノート・ワークシート
―成長する姿を評価する

理科教師の授業スタイルとして,「ノート」派か「ワークシート」派かが話題に挙がることがある。もっと話題に挙げてほしいことは「ノート」「ワークシート」をどう評価しているかである。

ノートをとらせる意味

「授業内容をノートやワークシートに記録する」という活動は,多くの授業において生徒の活動の大半を占めています。実験・観察といった活動を主とした対話的な理科の授業においても例外ではありません。つまり,生徒にとってノートやワークシートに書き込むことは授業そのものであり,教師にとっても,ワークシートづくり・板書計画は,授業づくりと直結しています。

ノートとワークシート,どちらにも共通する主な目的を以下に示します。

① 授業後に振り返れるように記録をとる。
② 学習した用語などの知識を書き出すことで授業内容を整理する。
③ 授業中に考えたことを書き出すことで自らの思考過程を整理する。
④ 学習状況・授業内容の到達度を評価する。

①～③の生徒側の目的に加え,④の教師側の視点が重要となります。ただ自分のためだけの「メモ」ではなく,教師が間に入って,生徒を成長させるためのツールと考えます。ノートやワークシートは,教師側からしてみれば,授業中の生徒そのものとも言えます。生徒自身がノートやワークシートを書く理由を理解し,「書かされる」のではなく,「書くことで自分の成長を実感できる」ようになっていれば,評価材料としての価値が非常に高くなります。

ノート・ファイルチェックの落とし穴

　ノート・ファイル（ワークシート）チェックの最も大切なポイントは，生徒と「伝え合いのやりとり」をするところにあります。やりとりの中で，「進むべき道しるべ」を生徒に伝えていくことこそが評価であり授業です。
　「主体的に学習に取り組む態度」の評価に，ノート・ファイルチェックを用いる教師が多いでしょう。授業中の学習内容がノートやワークシートにまとめられているかをチェックするというものです。このやり方は，学習習慣を定着させたりノートのとり方を伝えたりする方法であり，理科の評価方法ではありません。また，評価される側の生徒にとって「よくわからないもの」に怯えながら受ける授業や課題では，「主体的に学習に取り組む態度」は決して育成されないでしょう。学習習慣・授業規律を身に付けさせる手段として評価を持ち出すようではいけません。授業中の声かけや授業後の面談などで指導するものであり，理科を総括的に評価する材料ではないのです。
　評価が記録に残らないという理由で真面目にやらない生徒が増えたり，学校に来る目的が高校受験のため・テストの点数のためだけだったりすることは防がなければなりません。防ぐための唯一の方法は，教師が生徒に対して「どのような生徒になってほしいか」を伝え続けることしかありません。
　「主体的に学習に取り組む態度」は，日々の「やりとり」を通してゆっくり少しずつ成長していくものです。ノート・ファイルチェックは，ただ「書いてあるかどうか」を評価するのではなく，教師とのやりとりを通して「生徒が成長する姿」を評価するべきです。教師にとっても「粘り強さ」が求められる評価方法と言えるでしょう。

ノートやワークシート（ファイル）は，授業そのものであり，生徒そのものでもある。粘り強く「やりとり＝指導」すべし。

47 主体的に学習に取り組む態度①
―表面的な態度で評価しない

「積極的に授業中に発言する生徒」＝「理科を学ぶ姿勢・態度が主体的な生徒」と言えるのだろうか。「主体的に学習に取り組む態度」を理科教師なりに解釈することが求められている。

「関心・意欲・態度」との違い

「主体的に学習に取り組む態度」の評価に際しては，単に継続的な行動や積極的な発言を行うなど，性格や行動面の傾向を評価するということではなく，自らの学習状況を把握し，学習の進め方について思考錯誤するなど自らの学習を調整しながら学ぼうとしているかどうかという意思的な側面を評価することが重要です。従前の「関心・意欲・態度」の観点も，学習内容に関心をもつことのみならず，よりよく学ぼうとする意欲をもって学習に取り組む態度を評価するという考え方に基づいたものであり，この点を「主体的に学習に取り組む態度」として改めて強調するものです。

つまり「関心・意欲・態度」から「主体的に学習に取り組む態度」へと文言は変わっても，その中身はそのままなのです。しかし，この改訂を機会に，「今まで教師として適切に生徒の態度を評価できていたのか」について振り返り，評価計画・評価方法を改善していく必要があります。

適切ではない評価方法

以下の①～③の事例は，「主体的に学習に取り組む態度」の総括的評価の方法として適切ではないと考えます。

> ① 授業中の挙手や発言の回数を数えたり，自己評価させたりする。
> ② 授業中に寝たりふざけたりしている場合「授業態度点」を減点する。
> ③ 授業中に板書を書き写したノートや家庭学習で行ったワークを提出したかしていないかを評価する。

①は，生徒の表面的な表現方法の一部を見ているにすぎず，教科の理解・意欲を評価しているとは言えません。

②は，授業規律に対する評価であり，理科の授業だけによらず様々な学校生活の場面で繰り返し評価していくものです。したがって，教科の評価として記録に残すべきものではありません。

③は，学校や家庭での学習習慣についての評価であり，生徒が理科を主体的に学んでいるかどうかを評価しているとは言えません。

また，①～③全てに共通している問題点として，「指導（形成的評価）なき評価（総括的評価）になりやすい」点があります（心得04 pp.14-15参照）。

①～③のような評価方法が今まで多くの教科で実践されてきた背景には，この評価の数値化のしやすさ，生徒・保護者への説明のしやすさ，学習意欲が低い生徒への支援のしやすさなどがあります。この「しやすさ」が目隠しとなって，「本来生徒に身に付けさせたい力とは何か」が見えにくくなってはいないでしょうか。

では，どのようにしたら「主体的に学習に取り組む態度」を適切に評価できるのでしょうか。様々な議論がある中で，有効と思われる手段の一つは「メタ認知」を見取る方法です。次項では，生徒自身も教師も生徒の変容を比較的とらえやすい「振り返りシート」の活用を紹介します。

「表面的な態度」からは，「理科を学ぶ主体性」は読み取ることができない。今までの評価方法を振り返るべし。

第6章 指導と評価をし続ける教師へ　111

48 主体的に学習に取り組む態度②
―生徒に学びを振り返らせる

> ほかの評価の観点にも言えることだが，生徒の態度を見取る方法に「正解」は存在しない。私の「思い」と「実践例」をたたき台に，議論がされていくことを願う。

振り返りシート

「振り返りシート」を用いて「主体的に学習に取り組む態度」を評価した場面を以下に示します。

学習内容	評価規準
・前時までの既習事項の確認をする。	
・課題を提示する。 （単元の内容を総合的に活用するような内容が望ましい。）	
・課題に対する個人の考えを班・クラスで共有し，意見交換を行う。	※正しい答えを求めすぎず，説明の内容の総括的評価をしない。 （形成的評価にとどめる。）
・課題に取り組んだことを通して，「疑問に思ったこと」「新たな課題」および，その課題に対する「自分の考え」を振り返りシートに記述する。	・既習事項について振り返り，課題について試行錯誤したり，自らの学習を調整しようとしたりしている。 【主体的に学習に取り組む態度】

　生徒が課題に取り組んだ後，その探究の過程を振り返る授業ですが，注意すべきポイントが二つあります。一つ目は，生徒に与えた総合的・応用的な課題の正答を求めすぎない点です。試行錯誤しながら課題へ取り組む過程を重視しているためであり，説明の内容は「形成的評価【思考・判断・表現】」にとどめます。二つ目は，振り返りシートに記入させる際の例示の仕方です。具体的に示し，生徒自らが自分の変容を表現しやすくするとよいでしょう。

【振り返りシート】
　課題へ取り組んだ自らを振り返り，学習前後の考えを比較しましょう。
「どのような知識および技能を活用したか」
「誰とどのような対話をし，自分の考えに変化はあったか」
「何に気付いたか」
「知りたいこと・疑問に思ったことがあるか」

評価例

下は，振り返りシートへの生徒の記述例です。

　今までは，自分の知識だけで考えていたが，プリントを見返したり同じ班のメンバーと実験内容について討論したりして解決できました。一人でやることだけでなく，メンバーで考える大切さ，見返すことの重要さに気付くことができました。

　この記述をした生徒は，課題を解決するために，誰とどのような対話をしたか，何に気付いたかについて記述しています。このことから，粘り強く取り組むとともに，自らの学習を調整しようとしている状況が見られるため，主体的に学習に取り組む態度について「おおむね満足できる」状況（B）であると判断します。
　どの程度の記述内容を「十分満足できる」状況（A）であると判断するかについては，引き続きの議論があるべきであり，「どのような生徒を育てたい」のかという教師一人ひとりの思いがあってよいと思っています。

学びを振り返らせることで，これからの学びに踏み出させ，学ぶ意味を知る。そのような生徒を育てるべし。

第6章　指導と評価をし続ける教師へ

49 思考・判断・表現①
―探究活動の中で力を育てる

「思考・判断・表現」を評価するには，生徒が「思考」する場面，「判断」する場面，「表現」する場面を授業中に教師が用意するほかない。最も適しているのは，「探究」の場面である。

学習指導要領と「思考・判断・表現」

どのようにすれば「思考力・判断力・表現力」をつけることができるのかについてのヒントは，学習指導要領に書かれています。以下に示したのは，学習指導要領の「身近な物理現象」の内容の一部です。

> イ （思考力，判断力，表現力等）
> 　身近な物理現象について，問題を見いだし 見通しをもって観察，実験などを行い，光の反射や屈折，凸レンズの働き，音の性質，力の働きの規則性や関係性を見いだして表現すること。

上記の学習指導要領の文言から，この単元で生徒を指導・評価して身に付けさせる資質・能力は，以下の三つだとわかります。
「問題を見いだす力」
「見通しをもって観察・実験をする力」
「規則性や関係性を見いだして表現する力」
同様の手順で学習指導要領を読み解くと，「電流と磁界」の単元では「見通しをもって課題を解決する方法を立案する力」「実験結果を分析して解釈する力」，「地球と宇宙」の単元では「探究の過程を振り返る力」というように，単元に応じて身に付けるべき資質・能力が割り振られていることがわか

ります。それらをどのように身に付けさせるかを考えればよいわけです。

探究の過程

　生徒が「科学的に探究すること」の大切さは以前から言われていましたが，最近になってより強く叫ばれるようになっています。

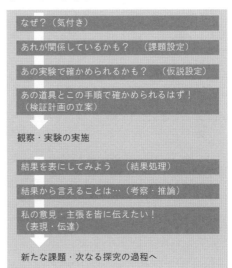

　右は「探究の過程」の一例です。この流れの通り，探究の過程を経る中で，「思考力・判断力・表現力」が求められます。つまり，探究活動を授業中に取り入れる中で「思考・判断・表現」の指導（＝評価）をすることができるわけです。探究活動をしなければならないから探究活動を授業に取り入れるのではなく，探究活動の中でしか育てられない（評価できない）力があるから探究活動をするのです。

　1単位時間内で生徒を探究の全過程に十分時間をかけて取り組ませることはほぼ不可能です。単元計画を工夫して単元全体を探究の過程通りに進めるにも無理があります。「思考・判断・表現」の評価に悩んだとき，まず取り組むことは，「単元に1回」「1単位時間」「探究の過程の1か所」「一つの資質・能力」を身に付けさせることを目標に授業（単元）をつくることです。

探究活動の中でしか育てられない（評価できない）力があると心得るべし。

第6章　指導と評価をし続ける教師へ　115

50 思考・判断・表現②
―気付かせる実験を用意する

「課題は教師が与えるもの」からの脱却は，非常に難しい。生徒の「思考力」「探究力」を向上させるためならば，やれることからやってみるしかない。

「気付き」の条件

　平成29年版の学習指導要領では，中学１年で重視する学習過程を「自然の事物・現象から問題を見いだすこと」としています。つまり，教師ではなく生徒自身が問題を見いだす過程を経て，生徒の思考力・判断力・表現力を育成していくことが求められているわけです。問題を見いだすことは，生徒の「気付き」から始まります。

　中学校で学習する内容であれば，どんな現象でも「気付き」に向いているわけではありません。生徒一人ひとりがじっくり実験・観察できる環境と時間が確保されていることが条件です。教師の細かい指示がなく，生徒が自由かつ主体的に手を動かすことで，多くの「気付き」が生まれます。そのためには，生徒の安全性が確保できるような使用器具・薬品である必要があります。また，反応速度が速かったり，反応時間が短かったりするような現象では，多くの「気付き」が期待できません。生徒自らが実験条件を変化させたり，何度も実験をやり直したりできる時間と機会を与えることで，多くの「気付き」が生まれます。

生徒が気付きたくなる魅力的な現象を見せる

　私が第１学年「身近な物理現象」の光の単元で行った「簡易テレプロンプ

ター」での観察を紹介します。単元計画としては，「光の進み方とものの見え方」を学習した後に，光の反射や屈折による現象をもとに問題を見いだす授業の導入の場面です。

　簡易テレプロンプター（POP スタンドに透明プラスチック板をとりつけたもの）でタブレット画面を映し出し，話し手側からその画像を見せる活動をさせます。話し手側と聞き手側を交換したり，プラスチック板の角度や見る場所を変化させたりするなど，像の見え方を観察させます。生徒の気付きの例は以下の通りです。

　・話し手側からは，プラスチック板にタブレット画面が見える。
　・聞き手側からは，話し手側の顔しか見えない。

　シンプルな構造のため，生徒が試行錯誤しやすく，班で意見を共有させると，「気付き」の連鎖が起こります。

発問の工夫

　「何かに気付く」という感覚が「よくわからない」「難しい」と感じる生徒は少なからずいます。そのような生徒に対しては「この実験を通して，気付いたことをあげてみましょう」ではなく，「あれ？　何か変だな。なんとなく不思議に感じるといったことはありますか？」と発問してみましょう。また，「何気ない呟き」を拾ってみてください。上記の簡易テレプロンプターの例では，「タブレットの画面とプラスチック板に映る画面が逆さまだ」「あれ？　画面が映らなくなる顔の位置があるよ」などがあります。中学生にしか見えない素直な気付きに出会えるはずです。

生徒に課題を設定させるためには，「気付かせる実験」を考え提供するべし。

51 思考・判断・表現③
―課題設定ができる力を育む

生徒の「気付き」から「課題設定」を行い，それをクラス全体で解決していく。
教師の指導力がそのまま生徒の思考力育成に直結する。

課題設定の練習は繰り返し行う

　日常生活から課題を発見するためには，日常生活を科学的な視点で見て気付いて疑問に思う必要があります。科学的な視点で見ることや，気付いて疑問に思うことは，生徒が自然にできるようになるものではありません。

| 日常生活を科学的な視点で見る。 | 指導と評価 | 気付きや疑問を得る。 | 指導と評価 | 課題を設定する。 |

　上に示した図のように指導と評価を繰り返し行うためには，より計画的・綿密な指導計画が必要です。生徒に「課題設定を促す」授業を行うためには，生徒にとっても教師にとってもある程度の時間が必要だからです。さらに，課題は一人ひとり異なるため，個に応じた指導が欠かせません。
　日常生活を科学的な視点で見ることができた生徒は，多くのことに気付くようになるでしょう。多くのことに気付くようになった生徒は，それを疑問や課題に変え，仮説や実験方法を考えたくなるでしょう。この過程を生徒は「楽しい」と感じるに違いありません。

課題設定の定型文を示す

　生徒が「自らの気付き・疑問」から「自ら課題を設定する」ためには，教

師側の一工夫が必要です。「気付いたことや疑問に思ったことをもとに自ら課題を設定する」ためには練習が必要です。どのように書けばよいかわからない生徒に対しては、課題を設定するときの「定型文」を示すとよいです。前項の簡易テレプロンプターによる気付きから「課題設定」を例に挙げます。

【気付き・疑問】
定型文　　　：なぜ〜なのだろうか。
生徒の記述例：なぜ画面は、話し手側からしか見えないのだろうか。

【自分で設定した課題】
定型文　　　：〜と〜は関係しているのか。〜は〜が原因ではないか。
生徒の記述例：画面が話し手側からしか見えないのは、透明な板の表面
　　　　　　　で光が反射しているからではないか。

生徒が設定した課題を分類・集約・調整する

　数多く（生徒数分）の「自分で設定した課題」を、授業中に解決可能な数の「クラスで取り組んでいく課題」に集約していく必要があります。しかし、生徒が設定する課題を事前に予測することは難しいため、1単位授業内で生徒から出された複数の課題を分類・集約・調整する授業を進めていくことは多くの教師にとってハードルが高いことです。私は、次の時間の導入時に前時に話し合った課題を生徒へ示すようにしています。こうすることで、生徒が個人で設定した課題を記入したワークシート等を回収し、教師側で時間をかけて分類・集約・調整した後に、生徒へ提示することができます。

「問題を見いだす」そして「課題を設定する」。どちらも教師の指導のもとでなければ「思考力」は育たないことを知るべし。

52 知識・技能
―指導とテストを繰り返す

「思考・判断・表現」「主体的に学習に取り組む態度」と比べて，「知識・技能」の観点は比較的評価しやすいと思っている教師ほど，陥りやすい「評価の穴」がある。

学校で教える意味

■（　）に当てはまる用語を答えなさい。
　鏡に映った物体を（　　　）という。

　上のようなテスト問題があったとします。理科教師として，ここに「像」と書くことができる生徒を育てればよいのでしょうか。少し極端な言い方になりますが，一問一答の用語の穴埋めだけができればよいのであれば，「学校の授業で行う必要はない」わけです。
　上記の例で言えば，「鏡に映った物体を像という」ことを覚えていればよいわけではありません。「像」の概念，「物体・光・像の関係」を理解し，様々な場面で「像」という用語を適切に活用したり，「像」を作図したりすることができて，初めて「像について理解した」と言えます。「知識・技能」を理解させ，定着させるためには，学校の授業がなくてはならないのです。

「知識・技能」を指導する

　何度も述べていますが，「授業＝指導＝評価」です。学校の授業で「知識・技能」を評価するためには，学校の授業で「知識・技能」について指導しなければなりません。

「知識・技能」の評価方法として，定期テストなどのペーパーテストがよく用いられます。その理由の一つに「わかりやすさ」があります。1回きりのペーパーテストではかることができる「知識・技能」（どれだけ知識があるか）は，「どれだけ暗記力があるか」「どれだけ努力したか」であることが多いです。そしてそれは，教師にとっても説明しやすく，生徒・保護者にとっても納得しやすいことなのです。「間違えたのは，あなたの努力不足です」という教師の一言で，生徒も保護者も納得してしまうわけです。この誰にとってもわかりやすい「指導なき評価」を，私は「評価の穴」と呼んでいます。
　「努力不足」という教師の言葉は「評価＝指導」しているとは言えません。理科教師が陥りがちな「知識・技能」における「評価の穴」の例を示します。

- ・授業導入時の復習用小テスト（元素記号・イオン式）
- ・技能テスト（火成岩の区別・回路作成）
- ・バラテスト（単元テスト）

　若い頃の私は「ここからここまで覚えてくるように」という指示（指導ではない）のもと，上に示したようなテストをやらせ，点数・結果をそのまま総括的評価として記録に残していました。これでは「教えていない内容の抜き打ち一発勝負のテスト」を生徒にさせていることにほかなりません。
　私が考える今のところ唯一の改善策は，「指導→テスト→指導→再テスト」の形成的評価を繰り返すことです。「再テスト」の結果が全員満点に辿り着いたときに，総括的評価のためのテストをするようにしています。もちろんその結果も，生徒全員満点です。

指導（形成的評価）なきテスト（総括的評価）をしない。指導と再テストで，全員に満点をとらせるべし。

第6章　指導と評価をし続ける教師へ　121

53 なぜ「1」や「2」が ついてしまったのかを考える

CHECK!
5段階の理科の評定に「1」がついた生徒がいたとする。「1」がつく前の「教師による生徒への支援」は最大限だったのだろうか。「1」でよいと思っている生徒・教師はいないはずである。

「1」「2」をつける責任

　絶対評価である「総括的評価」において「1」や「2」がつく生徒（観点別評価で言えば「C」がつく生徒）とは，いったいどのような生徒なのでしょうか。

　・知識や技能が身に付いていない。

　・思考力・判断力・表現力がない。

　・主体的に学習に取り組もうとする態度が見られない。

　東京都教育委員会の調査によると，このような生徒がクラスに18.4%（35人学級に6人程度）います（都内公立中学校第3学年及び義務教育学校第9学年（令和5年12月31日現在）の評定状況の調査結果より）。この18.4%の生徒は，中学校で3年間理科を学び続けてきた最終的な評価が「努力を要する（達成50%未満）」ままで，中学校を卒業していくわけです。この状況に理科教師は危機感をもつべきだと私は思っています。理科の評定で，生徒に「1」や「2」をつけてしまった責任は，間違いなく理科教師（「チーム理科」）にあるからです。

「知識・技能」を指導する

　「1」や「2」がつく原因として大きく二つ挙げます。

> ① 評価の観点や規準・基準，その見取り方が不適切
> ② 教師が「指導していない」「支援していない」

　①について，例えば「提出物を全く出さない生徒」「学校を休みがちな生徒」をどのように評価していますか。提出物を出すように指導（＝形成的評価）することと，理科の評価（＝総括的評価）とは別です。もし，評定を出す期日までに提出しない生徒がいる場合，「悪い評価」をつけるのではなく，「資料不足のため，評価できない」とするべきです。学校を休みがちな生徒に補習などの支援をすることも教師の大切な仕事です。「授業を受けておらず，提出物も出していないから『1』や『2』がつくのは仕方がない」とするのは，「全て生徒のせい」にしている教師の言い訳にすぎません。

　②について，ここで言う「指導」「支援」という言葉は，言うまでもなく「形成的評価」を指します。例えば，授業中に提出させたレポートの「思考・判断・表現」の観点別評価が「C」の生徒がいたときに，その後「指導」→「再提出」→「再評価」していくことが「形成的評価＝指導・支援＝教師の仕事」です。教師それぞれがもつ時間の中で，形成的評価をできる限り繰り返してもなお，観点別評価で「C」，評定で「1」や「2」がついてしまうのであれば，それは「教師の力不足」にほかなりません。

　「『1』しかつけられなくて，ごめんなさい」

　私は，今まで何度か心の中で生徒へ謝罪しながら終業式・修了式・卒業式を迎えてきました。

　逆に，「先生は評価が甘くないですか？」と言われたことがあります。

　「私は粘り強く指導しただけです。生徒も粘り強く努力し続けた結果です」

　私には自信をもってそう言い返すだけの自負があります。

生徒につけた「C」評価は，教師自身の評価と心得るべし。

第6章　指導と評価をし続ける教師へ　123

54 生徒にとって意味があると胸を張って言える授業をする

多くの中学生にとって,「志望高校への合格」は大きな目標である。「受験のために授業をしているわけではない」と言いたいのであれば,妥当で公平な評価(=授業)が求められる。

調査書点

　高校受験の方法が多様化する中でも,最も一般的な選考方法は,「調査書点」と「学力検査の得点」との総合点による選考です。この二つと中学校の理科の授業との関わりについて話をしていきたいと思います。

　調査書点を上げるために,理科教師ができることは,理科の評定を上げることです。調査書点を上げることは,理科教師にとっての目標ではありませんが,理科の評定(=総括的評価)を上げることは,理科教師にとっての大きな目標の一つです（ 心得53 pp.122-123参照）。

　調査書点は,中学校での教育活動が点数化されたものです。つまり,「受験のため」という理由で,理科教師が授業を変える必要は全くありません。唯一注意が必要なことは,「あたかも授業内容や評価方法を変えたかのような発言」をしてしまうことです。

　「授業態度が悪いと,評定が一つ下がります」

　「1年生,2年生では厳しめに,3年生の2学期になったら甘く評価する先生が多いです」

　このような,根拠がないことや間違っている評価方法で,生徒を「評価で押さえつける」ような指導をしては決してなりません。

学力検査の得点

　以下のような質問（要望）が，生徒や保護者からあった場合，先生方はどのように答えますか。
　「実験ばかりやらずにもっと受験対策の問題演習をやってください」
　「受験に理科は使わないので，理科は勉強しなくていいですか」
　「学校に行っている時間がもったいないので，家で受験勉強します」

　本著で述べている55の心得は，全て「生徒のため」の教師の心得です。これらの言葉と共に３年間生徒と教師との間で積み重ねてきた様々なものが，「受験」「学力検査の得点」という言葉によって最後の最後に崩れ落ちる虚しさを感じることがあります。

　上記のような発言をしてくる生徒や保護者に対して，「受験のために授業をしているわけではない」と強く言うことができるだけの授業をしてきているでしょうか。学力検査の得点を上げるための指導を否定するだけの「思い」が教師にあるでしょうか。

　生徒や保護者は，「先生を悲しませる質問」であることを覚悟の上で発言しています。そんな「覚悟の質問」をさせてしまった教師（学校）に，発言を否定する権利はないと思っています。教師がすべきことは，このような質問をさせないことです。「実験を行う意味」「授業がある意味」「学校で学ぶ意味」を粘り強く伝え，形成的評価を繰り返してきた生徒の学力検査の得点が低いわけがありません。学ぶ意味を理解し進路決定に向けての一歩を自分で踏み出せる生徒を育てることこそ，教師の使命です。

「受験のために授業をしているわけではない」と自信をもって生徒に伝えることができる教師であるべし。

第６章　指導と評価をし続ける教師へ

55 卒業前最後の授業を「理科の修了式」にする

卒業前の中学3年生に向けて行われる「最後の理科の授業」。この最後の最後に「理科教師として何を生徒に伝えるか」を考えることは，理科教師の特権であり，喜びである。

理科の修了式

　中学校教師が，一人の生徒を預かり授業を行う期間は長くても3年間です。担任をやりながら3年連続で理科の授業を担当することもあれば，学校事情で短期間しか担当できないこともあるでしょう。生徒一人ひとりの3年間を「チーム理科」で協力・分担しながら指導・評価していくことが，教師の仕事です。この仕事は，3年間の期限付きです。生徒が中学校を卒業したその日以降，中学校教師としてその生徒を指導・評価する機会はなくなります。つまり，理科教師であれば，最後の理科の授業の日が，「生徒に何かを伝える」最後の機会ということになります。

　第3学年担当の学年主任の先生や担任の先生が，卒業式が終わった後に「最後の学級活動」で「生徒に向けての最後の言葉」を伝える機会が与えられている学校が多いことと思います。教師にとっても生徒にとっても，とても大切な時間です。最後の理科の授業は，「理科の修了式」と呼べるのではないでしょうか。この時間は，理科主任としても「チーム理科」としても，生徒と若手教師の成長を実感することができる大切な時間となるはずです。

最後の授業で話すこと

　「最後に生徒へ何を話すか」は，年間指導計画の外で考えるべきです。指

導計画に沿って指導・評価してきた最終的な生徒の姿を目の前にしたときの素直な「思い」をぶつけるべきだと思うからです。したがって，この日のこの時間だけは，「チーム理科」で相談・共有する必要はありません。理科教師である「あなた」と「あなたに理科を教わってきた生徒」だけの時間にしてください。年間指導計画に沿った授業を行った後の残り10分で話をするのもよし。理科の楽しさを伝える実験を行い，そのまま終わるのもよし。丸々50分語るのもよし。担任からの最後の学活同様，話すべき内容が決まっているわけではありません。

　以下は，ある学校の第3学年最後の理科の授業で，私が実際に生徒へ伝えた最後の言葉を要約したものです。

　　まずは，皆さんに謝罪させてください。3年前，初めて皆さんに出会ったときの私の目標は「卒業までに全員の理科の成績を『5』にして，全員の得意科目が理科で，好きな科目も理科にすること」でした。しかし，それは叶いませんでした。私の力不足で，皆さん全員の理科の成績を「5」にすることはできませんでした。ごめんなさい。「あと1年あれば」と悔やんでも悔やみきれません。
　　「理科の楽しさ」を全員に伝えることはできなかったかもしれませんが，一つだけ確かなことは，「私は，皆さんに理科を教えることが楽しくてたまらなかった」ことです。今の皆さんには，「現象の不思議さや感動を言葉にできる素直さ」「観察したり考えたりするときの集中力」「教師や友達の考えを決して否定しない思いやりの心」「出された課題を最後まで諦めない粘り強さ」が備わっています。授業の度に，少しずつ，確実に成長していく姿を見ることは，教師にとってこれ以上ない喜びでした。そして，私の目の前にいる皆さんの姿こそ，理科教師である私の「誇り」です。
　　私が理科を教えることは今日で最後となりますが，皆さんの「学び」はこれからも続きます。「学びの続き」をいつの日か知らせに来てくれると嬉しいです。それでは皆さん「卒業おめでとう」「今までありがとう」そして「さようなら」。

「最後の理科の授業」は理科教師にとっても生徒にとっても「二度とない大切な時間」だと心得るべし。

【著者紹介】
髙田　太樹（たかだ　たいき）
東京学芸大学附属世田谷中学校　副校長
1977年千葉県生まれ。
2002年から14年間，東京都公立中学校教諭として勤務。
2016年から東京学芸大学附属世田谷中学校教諭として勤務。
2025年より現職。
中学校理科教科書編集委員（大日本図書）
評価規準，評価方法等の工夫改善に関する調査研究協力者（文部科学省）
（主な著書）
『「指導と評価の一体化」のための学習評価に関する参考資料 中学校理科』（文部科学省 国立教育政策研究所，共著）
『板書で見る全単元・全時間の授業のすべて 理科 中学校１年』（東洋館出版社，編著）
『中学校理科「主体的に学習に取り組む態度」の学習評価完全ガイドブック』（明治図書，共著）
『中学校理科　指導スキル大全』（明治図書，共著）

実務が必ずうまくいく
中学校　理科主任の仕事術　55の心得

2025年３月初版第１刷刊	ⓒ著　者	髙　田　太　樹
	発行者	藤　原　光　政
	発行所	明治図書出版株式会社

http://www.meijitosho.co.jp
（企画・校正）江﨑夏生
〒114-0023　東京都北区滝野川7-46-1
振替00160-5-151317　電話03(5907)6701
ご注文窓口　電話03(5907)6668

＊検印省略　　組版所　株式会社木元省美堂

本書の無断コピーは，著作権・出版権にふれます。ご注意ください。

Printed in Japan　　　　　ISBN978-4-18-450935-1
もれなくクーポンがもらえる！読者アンケートはこちらから →